十六大将 ★红色将帅

The Ten Great Generals

徐海东大将

姚有志 ◎ 主编

民主与建设出版社

·北京·

图书在版编目（CIP）数据

红色将帅 . 十大大将 . 徐海东 / 姚有志主编 . —北京：
民主与建设出版社，2017.1（2024.8 重印）
ISBN 978-7-5139-1158-0

Ⅰ . ①红…　Ⅱ . ①李…　Ⅲ . ①徐海东（1900-1970）
—生平事迹　Ⅳ . ①K825.2

中国版本图书馆 CIP 数据核字（2016）第 270928 号

红色将帅 . 十大大将 . 徐海东
HONGSE JIANGSHUAI: SHIDA DAJIANG: XU HAI DONG

主　　编	姚有志
选题策划	梁　洁
责任编辑	王　越
特约编辑	胡艳红　肖贵辉
封面设计	罗四夕书籍设计工作室
内文设计	逸品文化
出版发行	民主与建设出版社有限责任公司
电　　话	（010）59417747　59419778
社　　址	北京市海淀区西三环中路10号望海楼E座7层
邮　　编	100142
印　　刷	文永印刷河北有限公司
版　　次	2017 年 6 月第 1 版
印　　次	2024 年 8 月第 2 次印刷
开　　本	710mm×1000mm　1/16
印　　张	10
字　　数	80 千字
书　　号	ISBN 978-7-5139-1158-0
定　　价	26.80 元

注：如有印、装质量问题，请与出版社联系。

目录

开国大将徐海东

他小时诨名叫"臭豆腐"，在人们的嘲笑声中长大。他常常满身泥巴，从没穿过一件好衣服，戴过一顶帽子。12岁进了窑场当窑匠。地主豪绅只要听说徐海东来了，就吓得心惊肉跳，屁滚尿流。他认为弱小的红军最好的战术是游击战，是"黄鼠狼拉小鸡"，捉到就跑。一次受领任务，团长徐海东与师长陈赓谈"崩"了。他指挥红28军"屁股后挂镰刀，肩膀上扛粮袋"，在山林里坚持同敌人斗争。在长征路上的一次战斗中，他又一次负伤，这已是他第8次负伤了，昏迷了4天4夜，此时全身的伤痕达17处之多。他率红25军到达陕北，第一次见到毛泽东说："我从小读书少，是个粗人。"毛泽东笑着说："……粗人会打仗啊！"作为军长的他戴上耳机，听到嘀嘀嗒嗒的悦耳声音，感到新鲜，但不明白这玩意为什么能通话。毛泽东打借条向他即红15军团借2500元钱，随后他把仅有的7000元送给中央5000元，毛泽东感叹道："徐海东是对革命有大功的人。"抗战中他三次病危，头一次准备的寿衣，一直保留着。他在大连养病中见到周总理说："……授我大将太高，我受之有愧啊！"毛泽东紧急提议，徐海东应出席党的九大。他在生命的最后时刻，昏迷中重复说："我想见毛主席……"

"泥巴人"的童年

1900 年 6 月 17 日，徐海东出生在湖北省黄陂县徐家老窑。他家有十几口人，半亩地，几间破茅草屋，靠烧窑、卖盆、卖罐为生，过着"窑花子"、"泥巴人"的苦日子。

黄家老窑，是地图上找不到的一个小村庄。村庄里有一座土窑，由于徐海东的祖祖辈辈在这里制坯烧窑，这里又被人们称作"徐家窑"。徐海东的父亲徐重本从小就和泥巴滚在一起。没有听说过徐海东母亲的名字，只知她娘家姓吴，人们叫她吴嫂。徐海东出生那年，她已经 46 岁了。

徐海东刚刚长到 6 岁，就不得不背起箩筐，到野外去拾柴、挖野菜。他风里来，雨里去，由于生性聪明，心里总想着找到点什么来为全家人糊口，因此很快就能辨认十多种野菜了。

开国大将
徐海东

夏天，他赤背光腿，常常滚得满身泥巴，还要等到天黑了，回到家放下筐子，才能跑到屋外的池塘边去洗一洗。他不明白也没想过，为什么自己家祖祖辈辈当窑工，制作的陶盆不计其数，一家人洗澡却总是用这个天然的大水盆。

冬天，他从来没戴过帽子，整天光个脑袋，黑黑的头发，像毛栗子似的直楞着，脸上那对小酒窝冻得通红通红。

徐海东父亲年老多病，已经丧失劳动能力，母亲双目失明，连家务活也无法承担，更无力照顾海东。

随着时光的流逝，妈妈越发恨自己是个睁眼瞎了。她多想看一看自己的小儿子啊！然而硬是不能，她只能用手摸摸儿子的模样，听听他那粗声大气，叫上一声："可怜的野伢子！"

他呢，除了吃饭，整天在外边，像头野马似的，不知疲倦地奔跑着……本来就讨厌他的父亲，见着这副野相，更不肯理他。他诨号叫"臭豆腐"，又脏又穷，野起来发"横"，孩子们惹不起，可是又离不开他，甚至挺喜欢他。真是"闻起来臭，吃起来香"哟！特别是那些胆子小、受人欺的伢子，都依仗他，把他当靠山。

徐海东7岁了，他看到比自己小的和经常一起玩的伢子，都抱着书，到对面山下喻家祠堂上学去了，心里挺羡慕。每天早上，他背着筐，跟上学的细伢子一路走到祠堂门口，别人进去了，他只能站在门外，眼巴巴地瞅上一阵，然后不得不上山去打柴。

这一年春上，喻家祠堂来了个教书先生。那先生叫吴学伯，是吴氏娘家门里的人。一天早起，吴氏让小儿子领着路，摸摸索索来到喻家祠堂。吴学伯一看是本家的老姐姐，连忙让进屋里。见她走路拄着棍，才知道眼睛不中用了。吴氏求他收下小儿子，让他也上个学，认几个字。

吴先生看小海东个子不高，摸着他的头问道："你几岁了？"

"九岁。"

"叫什么？"

"……"小六子眨眨大眼睛，没有回答。

"从小没起名，排行是老六。"妈妈插话说。

吴先生看这个小外甥虽有点野，但脸面上却透着灵气，便一口答应收他入学。瞎妈妈一听，高兴得伸着双手说："他舅，他舅，这太好了，我这一辈子忘不了你的恩情！"说着，就要下跪，被吴学伯挡住了。

可以上学了，这对小海东来说是再好不过的事了，

高兴得他整天又蹦又跳，腮帮上的小酒窝，像两朵石榴花似的，等着妈妈做新衣。

可是，可怜的妈妈治眼睛都没钱，哪能拿得出钱来给儿子做衣服呢！为了使儿子像个读书的，妈妈在破旧的衣裳堆里摸出一件没有补丁的大人衣服，求人把它改小了，又托人给儿子做了一双新鞋，还请人给徐海东理个发。

直到上学那天，徐海东这才头一次穿上了专为他做的衣裳和鞋子，踏进了私塾的大门。他兴奋极了，脸上泛着红光，那毛栗子似的头经过洗刷，也显得更精神了。

教书先生见他那个打扮，不但不嫌弃，倒还喜欢，毕竟是自己的外甥嘛，便给徐海东取了个学名，叫"徐元清"。

徐元清上私塾，不分班次，也没有年级。学生一律都是从《百家姓》《三字经》《千字文》到《四书》《五经》，读完一本，接着读下一本。先读书，后开讲；先描红模子，后写大仿，再写小楷。徐元清渐渐地对读书写字有了兴趣，懂得用功了。

12岁进了窑场，做了徐家门里又一代窑匠。徐元清脑子灵活，做事勤快，在窑场里是个招人喜欢的娃

儿。他决心要像爸爸、哥哥那样，当一个好窑匠。

可天不遂人愿，一年后徐家老窑一带先旱后涝，粮食颗粒不收。乡亲们四处逃荒，窑场就此熄了火。徐元清看到双目失明的妈妈在哭泣，年老多病的爸爸在叹气，心里难过极了。他说："妈，你不要哭，我养你们！"

在黑暗中寻光明

1925 年春天，大别山区的黄安、麻城、黄陂各县在武昌念书的青年学生中，有不少受董必武、陈潭秋等人的影响，有的加入了共青团，有的加入了共产党。这些青年利用假期回乡的机会，到处宣传革命的道理。

一天，徐海东刚吃过晚饭，一个身穿长衫头戴礼帽文质彬彬的青年，来到徐海东住的那间破茅草屋。徐海东想起了他正是儿时念书时的同窗好友吝积堂。原来，吝积堂在武汉董必武主办的武汉中学读书，接受了马列主义教育，加入了中国共产党。这年春天，他受党的派遣，与另一名学生、共产党员李树珍一起回家乡做调查研究和革命宣传工作。

吝积堂素知徐海东出身贫苦，有股闯劲，仇恨土豪劣绅，因此他回乡之后，马上来找徐海东。

吝积堂向徐海东讲了些阔别后的生活，接着就转入

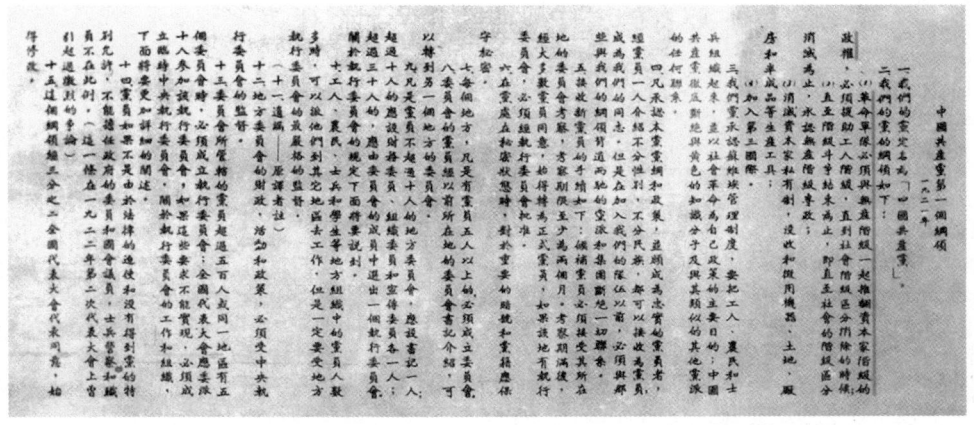

中共"一大"通过的《中国共产党第一个纲领》即提出"革命军队必须与无产阶级一起推翻资本家阶级的政权"

一些革命的话题。徐海东听着直犯"傻"。什么"俄国的十月革命"啦,"列宁"啦,"打倒沙皇"啦,什么"苏维埃"啦,这些词都是头一回听说。徐海东不时用带着疑问的目光看看他的老同学。

"你讲的都是洋人、洋事儿吧,我听不懂。"徐海东嘿嘿一笑,说:"我连武昌都没去过,哪里懂得外国的事!你还是说说武昌的事吧!"

吝积堂又给他讲了打倒军阀,打倒地主的事儿,讲了这世上为什么有的人穷,有的人富;穷人为什么受苦,地主怎样剥削农民;又讲中国有了共产党,要领着穷苦人闹革命。

徐海东听得津津有味,说:"这些好懂,地主、土

开国大将　徐海东

豪就是坏，要打倒，连他们的儿子都打死。"

齐积堂笑着说："你这是泥巴人说的话！地主老财坏透了的该杀，地主小子不能杀嘛！"

两人你一言，我一语，越说越对味，徐海东心里觉得暖烘烘的。

从此之后，徐海东经常去找齐积堂谈想法，问事情。齐积堂呢，也常跑到窑场看徐海东做活，他们俩越来越亲近。

徐海东听了许多革命道理后，像在黑暗中见到了一线光明，心里亮堂多了。他想，不能老是捏着泥巴过日子，该到外面去闯荡闯荡。

有一天，他见到齐积堂，就开口说："你能领我去武昌走走吗？"

齐积堂有点犹豫地说："只怕你离不开家呀！"

徐海东急切地说："我这个穷家，有什么留恋的？老辈人都是'泥巴人'，这苦命也非'革'不可啦。你说吧，哪天走？"

"要是真的走了，可不能反悔！到外面谋事可难啊！"齐积堂认真地说。

徐海东说："我做事从不反悔！'君子一言，驷马难追'嘛，今天就说定了！"

入党参加自卫军

初春的一天，沓积堂和徐海东高高兴兴地上了路。从家乡到武昌，240多里路，他们晓行夜宿，不到三天就走到了。

到武昌后，他找到了一个不用本钱的生意——担水卖。

武汉三镇，千家万户都是饮用长江水，家家都备有几口大缸，由卖水人送水上门。

徐海东每天从早到晚，往返于水码头和用户之间，给二十多户送七八十担水，一担水100多斤。一天跑下来，累得他腰酸背疼，脚底板发麻。虽然一天只能挣一吊六百钱，但生活有了着落，使他感到欣慰。

徐海东七八天没见到沓积堂了，他正在犯愁的时候，沓积堂出现在眼前，原来这几天沓积堂病了。他一见徐海东就问："怎么样，是不是又想家了？"

开国大将 **徐海东**

徐海东嘿嘿一笑，说："哪想家呢，我正在做生意。"

"什么生意？"

"不要本钱的生意，一天能挣一吊六百钱呢！"

吝积堂听说徐海东挑水卖，心里觉得过意不去。他想，自己把他从家乡带到城里，却没有帮他找个好出路。

徐海东当卖水郎的第 13 天，累得生了病。他头晕目眩，不能动弹，不思饮食，身子烧得火烫，起不了床了。

正在徐海东遇到困难的时候，吝积堂和李树珍来到床前。在他们两人的精心照顾下，徐海东的身体很快得到了恢复。

1925 年 4 月 8 日深夜，武昌都府堤 40 号，几个人应约前来秘密开会。最先到的是吝积堂和李树珍，徐海东来这里是头一次。此外，还有几个工人和教师。他们是来参加入党宣誓会的。会场上没有党旗，也没有标语，几个人排队站立，举臂握拳，压低声调，郑重宣读：

"……为共产主义奋斗……严守党的机密……不怕流血牺牲……一切听从党的安排……"

从此，徐海东成为中国共产党党员，他的入党介绍人，正是他的知己斋积堂和李树珍。

湖北第二师这支军阀部队，官长欺压士兵，克扣军饷、抽大烟、嫖女人成风，士兵中也有不少是吃喝嫖赌无所不为的。徐海东对这种腐败现象越来越感到愤慨，实在不想再待下去。1926年4月的一天，斋积堂和李树珍来找他，商量一起去广东的事。斋、李提出：到广州后，如国民革命军举行北伐，我们就参加北伐；如暂时还不北伐，就报考黄埔军官学校或到农民运动讲习所学习。徐海东认为这正是脱离军阀部队的好机会，欣然同意。他们说动便动，斋、李二人立即向组织汇报并办理组织关系。徐海东向部队请假，说母亲病重，要回家探望母亲，得到了连长的批准。于是，他换上便衣，扮做挑夫，同斋积堂、李树珍一道，离开了武昌。

徐海东一行跋山涉水向南步行了一个多月，6月间进入广东韶关的时候，被国民革命军第四军十二师三十四团的一支队伍拦住了去路。他们要求见连长，从连长那里了解到，国民革命军已于7月9日正式誓师北伐，黄埔军校招生已经停止。这位连长将他们的情况向团里作了汇报。团党代表正想找个去湖北的向导，听说他们是从湖北来的，便亲自出来接待，向他们询问了湖北方面的情况。他看到徐海东等年轻，懂得不少革

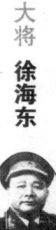

开国大将
徐海东

命道理，就动员他们参加北伐军。徐海东愿意留下，齐积堂、李树珍却坚持去广东，三人只好分手。临别前，齐、李向团党代表介绍了徐海东的情况，并留下他的党员组织关系。党代表很器重徐海东，派他到三营九连当代理排长。

这个连有 4 名共产党员。共产党在这个部队里活动公开，享有很高威信。对此，徐海东心里很高兴。多少年来，他做梦都盼望革命，如今不仅是参加了革命，而且还是无产阶级先锋队的一员。他情绪激昂，行军打仗都主动积极。汀泗桥战斗中，他奉命带领全排冲向敌军炮兵阵地，杀伤了大批敌人，缴获了 12 门大炮。战斗结束后，被正式任命为少尉排长。9 月，部队进军武汉，徐海东参加了攻占武昌城的激烈战斗。武汉三镇攻克后，他随三十四团经修水、武宁、德安会攻南昌。南昌解放，又奉命回师武汉。1927 年 4 月下旬，武汉国民政府出师河南，举行第二次北伐，徐海东参加了三十四团攻克洛阳城的战斗；6 月初又随部队撤回武汉。当时，武汉汪精卫集团反动势力活动猖獗，北伐军中的共产党员开始疏散。徐海东在党小组长胡增欲的帮助下离开了部队，返回黄陂老家。

他好不容易在一个村庄找到了县委书记陈金台。陈书记看到英姿勃勃的徐海东，又听他说当过北伐军的排长，想到眼下正组织农民自卫军，需要一位能带兵的人，便说："来得正是时候，你就当自卫军大队长吧！"徐海东爽快地答应下来，接着又问："有多少人？多少支枪？"陈金台说："钢枪，现今没有，人嘛，也不多。不过，只要把队伍拉起来，就不愁没有枪，也不愁没有人。"

当天，徐海东领到了 1 支枪，14 发子弹。他集合起自卫队，一点数，总共才 13 个人。而且他们没有像样的武器，有的提把大刀，有的扛一杆梭镖，有的用红布包一块木头疙瘩，插在腰间，算作手枪，也有赤手空拳啥东西也不带的。穿着更是五花八门，有穿半截长褂的，有赤着背穿短裤的，也有光着脚丫的。乍一看，根本不像个自卫队，和小娃子们做游戏玩打仗的架势没多大差别。

河口区农民自卫军，年纪都很轻，勇敢热情，但纪律性较差，又没有学过军事，更没有打过仗。徐海东到任后，带领他们出操，教他们射击，进行严格训练。起初，这些年轻人学得都很卖力，进步也很快。日子一久，有些熬不下来，先后有六七个人退出不干了。徐海东感到很懊丧？怎么办？他想，发动别的人参加农军有

开国大将

徐海东

困难，徐姓本家人多又穷，组织起一支"徐家军"也许比较容易，古人不是说过"呼家的兵，杨家的将，老婆孩子一齐上"吗？他抱着这种天真的想法，满腔热情地回到徐家桥，同大哥、二哥商量，找四哥、五哥劝说，还做了嫂子、侄儿的动员工作。得到的反映是，有的当面反对，有的敷衍应付，真正愿意抛妻舍子和他一起干的，竟连一个也没有。"徐家军"虽然没有组成，但徐海东这一番宣传动员工作却没有白做，它给徐家桥徐姓的穷苦窑工进行了一次革命的启蒙教育，撒下了革命火种。后来，随着大别山区革命斗争形势的发展，他们中有一大批人参加了革命，不少人奔赴战场，英勇杀敌，为国捐躯。

徐海东分析了河口地区农民武装斗争的形势，认为必须组织力量打一两次小胜仗，缴获几支钢枪，才能吸引群众。

徐海东正愁得没办法，忽然得到一个情报：夏店于堂寺驻着民团的一个班，带的都是真家伙。他心中一喜：这真是千载难逢的好机会！

第二天一早，他带领两个自卫队员进行了侦察。夜幕刚落，徐海东带领 12 个队员悄悄出发了。

静悄悄的夜晚，万籁俱寂。突然传来一声叫喊：

"干什么的?"徐海东沉着应答:"走夜路的!""妈的,走夜路怎么走到这里来了!"敌哨兵骂着。"我们是贩盐的,天黑迷路了!"徐海东说着,已经走到敌哨兵面前,用手枪指着他的脸:"别动!你动,毙了你!"敌哨兵被吓得瘫软在地上,连声叫"老爷饶命!"徐海东缴了哨兵的枪,堵住了他的嘴,叫他领着进了寺院里。

在北屋地上,躺着一排兵,他们打着呼噜睡得正香。徐海东指挥队员首先缴了挂在墙上的几条枪,又把敌人从被窝里拉出来,一个个上了绑。就这样,徐海东的队伍,没有打一枪一弹,活捉民团一个班。他要枪不要人,把俘虏捂在被窝里。说声快走,便领着队员们扛起钢枪,踏上归途。

这7支钢枪,给农民自卫队壮了胆,助了威,当地许多农民纷纷要求参加自卫队。一个月的时间,自卫队扩大到300多人,徐海东成了真正的大队长,带着自卫队打地主斗豪绅。徐海东的名声也越来越响亮。地主豪绅把共产党领导的革命,看成洪水猛兽,他们只要听说徐海东来了,就吓得心惊肉跳,屁滚尿流。在中国共产党的领导下,湖北黄安、麻城、黄陂各县的农民纷纷起来造反,整个大别山区的革命烈火熊熊燃烧。

此后一个月,自卫军人数就扩大到300多人。县委

对这支农民武装很重视，选派了几名曾经当过兵的党员来担任班排长。徐海东还给这支农军规定了 4 条纪律：集合不准说话；不许穿长袍；不许吃乡亲的东西；不许打骂乡亲。这些规定是很有必要的，但要建立一支完全服务于人民又有一定作战能力的革命武装，这几条还远远不够。这时的徐海东，只会指挥自卫军配合农民协会打击土豪劣绅，捉拿流氓地痞，但对队伍的思想教育和组织整顿的重要意义认识得很不够，没有认真地抓。因此，这支队伍在思想上和组织上都很不巩固。不久，国民党地方武装向自卫军发起进攻，徐海东正指挥部队进行迎击，阵势还没有摆开，敌人一阵排子枪打来，就把自卫军大半队员吓得跑散了，留在徐海东身边的只有少数党员和他的亲属。徐海东非常气恼，但他并未灰心。为了革命，他又开始东奔西跑，重新招集队员，准备继续斗争。

徐海东得到四哥、五哥的支持，他串联了几个堂兄弟和远房近房的侄儿，就这样，一支"徐家军"秘密发展起来。四哥徐元海、五哥徐元波，堂兄徐元洪、徐元庆、徐元兴，还有侄子徐文初、徐文阶、徐文治、徐文明等，在徐海东的启发和鼓动下，先后参加了共产党，参加了红军，连徐海东的童养媳妇田德载，也剪短了头发，要闹革命了。

"徐家军"随着大别山地区革命形势的发展，编入了红军游击队。11月13日，黄安和麻城工农民众3万余人，包围黄安县城，举行了武装暴动。黄陂县委紧急命令河口区农民自卫军赶赴黄安参加暴动。徐海东动员了几名当过兵的窑工，连同原来的自卫队员一起，组成了一支27人的农民武装，向黄安奔去。当他们赶到黄安时，县城已打开两天了。起义后成立了工农革命军鄂东军、潘忠汝任总指挥，徐海东应邀参加了11月18日举行的黄安县工农民主政府成立大会，受到鄂东革命军副总指挥吴光浩的接见。徐海东深为黄麻民众的革命精神所感动，认为黄陂也应像黄安那个样子才算是革命。他根据吴光浩的要求，只身返回黄陂河口区，收集失散的自卫队员。不久，黄麻起义遭到反动派镇压而失败，中共黄安县委书记王志仁、鄂东区总指挥潘忠汝壮烈牺牲。随后，反动军队向黄陂"追剿"过来，县委通知农民自卫军暂时解散。反动军队在民团和豪绅地主操纵的红枪会配合下，四处搜捕和屠杀共产党人，并且指名要抓徐海东。徐海东先回徐家桥躲避，敌人在徐家桥严密搜查，待不下去又跑到河口。他回忆这段艰难岁月时写道："家不能回，职业也没有，处境困难极了。今天这

开国大将 **徐海东**

里躲，明天那里藏，多次遇险"。最后，在徐家叔伯的齐心保护下，又回到徐家桥当上了窑工。在如此险恶的环境中，徐海东白天在窑厂干活，晚上出去秘密组织农民武装。在"进剿"的敌人撤走后，黄陂县重新建立共产党的工委，组织黄陂县游击大队，徐海东被任命为游击大队的分队长，又公开干起农民武装斗争来了。

1928 年秋，徐海东担任中共黄陂县委委员、军事部长，兼任夏区区委书记。他领导的游击队很快扩大到60 余人。他到夏区后，经过几个月的努力，组织了秘密农民协会和农民自卫军，把反霸斗争搞得轰轰烈烈。1929 年初，县委根据省委指示，发动年关暴动，委任徐海东为年关暴动委员会总指挥。经受过黄麻起义挫折的徐海东，认为发动暴动应该谨慎从事。因而，受命第二天，他就跑到县里找县委新的领导人，询问有关暴动时机成熟与否的问题。县委新领导人武断地说，上级指示，"革命，就是要暴动"，"暴动就是一切"，对暴动不容怀疑，要他回去赶紧做好准备工作。徐海东虽提出了暴动时机问题，但他当时还不明白，具备了什么样的条件，暴动时机才算成熟。他相信县委，回去后坚决贯彻县委指示，很快整编了农民自卫军，做好了起义时用的旗帜。腊月三十晚上，暴动开始了！他指挥暴动队冲进地主豪绅庄园，点起火把，打开粮仓，把粮食分给四乡正愁过年没米的农民，捉捕恶霸地主分子游街。豪绅地主垂头丧气，穷苦农民扬眉吐气，几个村庄顿时被搞得天翻地覆。但没过几天，国民党军一团人开过来，驱散了暴动队，杀了很多人，年关暴动失败了。徐海东是夏区区委书记，又是这次暴动的总指挥，名声很大，敌人到处搜捕没有抓到他，就抄了他的家，烧了他做工的窑厂。他的母亲、妻子和兄嫂都被迫逃亡他乡。

年关暴动失败后，徐海东带领几名暴动队员离开徐家桥，转移到黄陂塔耳岗一带，组织游击队，开展武装斗争。

1929年底，中共鄂豫边区特委将游击队组成5个教导队，徐海东被任命为第5教导队队长兼党代表。1930年4、5月间，他又任黄陂县赤卫队大队长、鄂东暴动委员会西南总指挥。根据鄂豫边区特委的指示，他利用蒋桂阎冯军阀混战的大好时机，配合各路红军游击队，转战在大别山区，打了许多胜仗，扩大了赤卫队。10月，黄陂县赤卫队升编为补充第六师，徐海东任师长，不久，复任第5教导队队长兼党代表；1931年初，又调任鄂东警卫第2团团长。这时，徐海东的主要任务是深入农村，发动群众，组织和发动地方武装，领导小

开国大将
徐海东

型的游击战争。

　　徐海东自幼当窑工，苦大仇深，养成了勤奋、勇敢、不怕困难、不怕挫折等许多好的品德和作风，但他有嗜酒的习惯。他喝酒不用菜，半斤白酒两三口即喝光。有一次，他酒醉之后，民团打进村来，几乎被敌人俘虏，幸亏房东大嫂机警地把他藏在草堆里，才未被敌人发现。事后，县委领导严厉地批评了他，这才决心戒酒。徐海东在旧军队里待过，学到了一些军事知识，但也染上了旧军人打人骂人的不良习气。一次，四班一个战士从家里拿来一只鸡炖着吃，他误认为是偷了老乡的，立时火冒三丈，抡起皮带要打那个战士和班长。战士们不服，全班和他顶撞起来，班长还甩手要走。他这才醒悟到是自己错了，马上向大家承认错误。战士们气消了，谅解了他。革命的暴风雨教育着徐海东，使他提高了认识，增长了才干。

参加红军

1931 年 3 月，徐海东带领着鄂东警卫团，升级到了徐向前任军长的红军第 4 军 12 师，改编为 36 团。他在徐向前和陈赓部下，当了一名团长。

1932 年 2 月初，漫天大雪。徐海东率领的红军在潢川县附近的豆腐店一带，与敌人展开了恶战。敌第 2 师、12 师、75 师、76 师等部共二十多个团，从河南向红军压来。徐海东和他的一团人，正好摆在敌人主攻方向上。

苦战一天一夜之后，到天亮时，前沿阵地终被敌人突破了。1 营伤亡很大，营、连干部大部分负了伤。徐海东跑上前去，把棉衣甩掉，穿着一件白衬衣，在大雪中飞跑。战士们看见团长脱了棉衣，知道是到了决一死战的时候，退下去的人又都跑了上来，负了伤趴在雪地上的人，又都端起枪继续战斗。

战场上，是枪弹、炮火和勇气的比赛。在武器装备远不如敌人优越的情况下，红军总是从精神上去压倒敌人。这次徐海东的出现，又一次使全团指战员振奋起来。听，阵地上风雪中响彻着他那洪亮而略带几分沙哑的声音："共产党员们！好同志！牺牲也要向前倒！"

　　部队正在冒雪苦战。敌人的炮弹把阵地上的皑皑白雪翻了个儿，炸出一堆堆黑泥。跟随徐海东的一个小号官牺牲了，警卫员负了重伤。徐海东自己背上把军号，提着支驳壳枪，在阵地上傲然屹立着。他就是号声，他就是命令。

▲ 红军时期，徐海东（左）同罗炳辉（中）、陈伯钧在一起

三天三夜敌人大小二十多次冲锋，都没能越过 36 团的阵地。鏖战中，方面军总指挥部、军指挥部、师指挥所的首长，都时时关注着 36 团的阵地。师长、政委的望远镜，不约而同地盯着徐海东那个方向。陈赓师长曾三次派人向徐海东传达命令：

　　"一定要守住……"

　　"坚决守住……"

　　"要紧紧吸引着敌人……"

　　徐海东的回答是两句话："请首长放心，我们一定能顶得住！""首长放心，人在阵地在！"

　　殊死决战，进行到第四天下午，敌人泄气了。此时红军总指挥部发出反击命令，霎时红军四面冲杀，侧翼包抄，敌人二十多个团纷纷向后逃窜，他们在雪地上滚，泥水中爬，没来得及跑掉的 2000 多人全都做了红军的俘虏。徐海东听说部队抓了个团长，便派人把他叫了过来，想问问情况。哪知那家伙浑身泥巴，死也不承认自己是团长，一会儿说是团副，一会儿说是代理团长。徐海东手一挥说："你是军长我们也一样对待，我只想问你一句话，你对我们的战术有何见教？"

　　俘虏叹了口气，说："过去只知红军会游击战，现在领教了红军的正规战，你们能攻又能守……"

徐海东脸上两个小酒窝一闪，微微一笑，挥手让人把俘虏带走了。不管俘虏话中有多少恭维成分，他觉得这一仗，36团确实向正规战跨进了一大步。

这时，迎面来了师长。徐海东刚要举手敬礼，陈赓一把抓住他的手，亲切地说："我向你们36团敬礼，你们团这仗打得好啊！"

徐海东说："是上级指挥得好，兄弟部队协同好，再加上老天爷的帮忙！"说着指指茫茫雪原。

陈赓又说："这一仗，36团打出来了！"

徐海东心中有些自得，不客气地说："是这样，干部、战士都锻炼出来了。若是再打几天，连伙夫都变成了好连长！"说着哈哈笑起来。这笑声，既是高兴，又表露着对师长的友情。

陈赓是个要求下级挺严的领导。他高兴了，和下级说笑，打闹，甚至抢吃抢喝。不高兴，听了不顺耳的话，他有时也要生气地骂一声。徐海东这次不谦逊的回答，竟没使陈赓恼火。他笑着说："你先别说大话，我是要从你这个团调几个营长、连长，要是不称职，我就要骂你这个老虎！"

陈赓是红军的一位名将，也是一员虎将。他上过黄埔军校，参加过南昌八一暴动。1931年，党中央委派他到大别山红军 12 师当师长。他和徐海东的脾气相像，都是爱说好逗。他要逗你笑，准让你笑得眼泪都流出来。

一天傍晚，师部一位负责同志突然通知徐海东，要他准备到 38 团去当团长。徐海东一听要离开老部队到一个新部队去，打心眼儿里不乐意。他觉得那里人生面不熟，不好开展工作，便跑去找师长陈赓。陈赓正巧在洗脚，看见徐海东进屋，笑着说："来来来，趁水热，烫烫脚。"

徐海东拉着脸说："我不去 38 团。"

陈赓一怔，问道："你想干什么？那就来替我当师长，我正找不到人顶替哩！"

徐海东只听说陈赓是个将才，参加过南昌起义，北伐战争中当过第二方面军特务营长，不知他爱开玩笑，以为师长疑心他想要个大官，着急地说："师长，你想到哪里去了，我不是想当官！革命嘛，哪能想自己，我是说，到新部队人不熟，我……"

"谁和谁熟？"陈赓拉着长音说，"我来到这大别山，熟人更少，照你说那只好不干了。"说着穿上鞋袜，在地上走动着。

"我是想，人熟好工作……"

陈赓突然打断他的话，严厉地说："乡土观念！只想抱着老婆、孩子在家门前转圈圈，这算什么革命分子！"

陈赓这几句话，说得徐海东很难受。若不是刚认识不久，真要和他大吵一顿了。他觉得师长这人太不留情面，劈头盖脸乱批评人，谁有乡土观念？谁又想抱着老婆、小孩闹革命啊！我徐海东为革命，家都被抄了，我恋家？

徐海东压住心头的怒火，认真地说："我不是那号人！我是不想离开我那个老团。"

陈赓瞪大眼看着他，问："你那个团？哪个团是你的？"

"我是说，我和警卫2团人熟，我也不是那意思……"徐海东解释着。

陈赓不说话了，看着徐海东，微微地笑了。他那张笑脸带着几分顽皮，又带着几分歉意，好像说：刚才说话不客气，实在对不起。徐海东这才觉察到师长的友好态度，也笑了笑，说："师长，你不了解，我徐海东是个粗人，脾气不好，熟悉的同志，会多多包涵的。"

"你是'粗人'，谁是'细人'？今后，我们都要多包涵。"陈赓说罢向徐海东做了个半敬礼的手势，走了。

这一次短短的谈话，使徐海东一眼就看透了这位师长的性格：陈赓是那么直率，那么爱开玩笑，玩笑之中，又含着同志的深情。徐海东自己就是这种性格，他自然也最喜欢这样的领导。

谁知，过了不久，一次接受任务时，徐海东和陈赓师长谈"崩"了。

那一次，师长、政委召开会议，研究作战部署。徐海东认为，这次打仗，会把他们这个团放在重要位置上，没想到，领导要他们去发动群众，筹粮，还要他们设法去搞500双军鞋来。

傍晚，部队分路出发了。徐海东看着一行向东行进的部队，心中虽然还是不那么舒坦——对这次任务分配不满意，可是他冷静一想，觉得陈赓师长对军人严厉要求是对的，自己不应该挑挑拣拣。

徐海东和陈赓尽管有时会因为工作意见不同，甚至吵几句，红红脸，可谁都不放在心上。革命的友谊，伴随着战斗的岁月在加深和发展。同志间彼此敬爱，往往是和共同的经历、性格和爱好相联系的。徐海东总说："陈赓是我的第一个好师长！"陈赓一提起徐海东，总联想到"徐老虎"、"臭豆腐"这两个绰号，陈赓总是风趣地赞叹说："蒋介石很怕这个'臭豆腐'，一沾上就

开国大将
徐海东

跑不掉了。同志们喜欢这个'徐老虎'，他是革命的'老虎'！"

在这一个多月里，徐海东带着38团，做了大量的群众工作，不断地"扩红"，筹集了许多粮款，还打了一次小仗。部队伤亡不大，人数还比一个月前增加了200多。

徐海东在一次作战中棉衣袖子被敌人的子弹穿了两个洞，膀子擦着了一点点皮，血却没流出来。战斗结束后，他幸运地向一个干部说："嘿嘿，飞向我的子弹是吃素的！"这话不知怎么传进了师长陈赓的耳朵。一天，陈赓看见徐海东，突然问道："听说飞向你的子弹都是'吃素'的？"

徐海东笑了笑说："那是玩笑话。"

"你还说，你徐海东'命大'！"

"那也是玩笑话。"徐海东预感到师长要教训他，仍是赔着笑，脸上闪着两个酒窝。

陈赓又说："你还说，'战场上打死的都是怕死鬼！'这是真的？"

徐海东又坦然一笑。他是这样想的：在敌人火力袭击下，勇敢的士兵一下冲过去了，反而平安无事，怕死鬼犹豫不决，畏惧不前，那就准吃炮弹！当然这也不是绝对的，因为战场上牺牲的人，多数还是勇敢冲锋的。

陈赓和徐海东都是爱说爱笑的人，彼此熟了，不分你我，每到一块，总是先开一番玩笑。一个师长，一个团长，虽说是上下级关系，开起玩笑来，往往都忘了自己的身份，有时还对骂几句。陈赓知道徐海东打仗勇敢极了，只要是情况一紧急，他就带头冲锋，所以常常带着嘲笑、戏谑的口吻说徐海东："你这个不怕死的老虎，小心些！"

徐海东一张开口也还是那话："我这人'命大'！子弹见了我会拐弯的。"

陈赓眯起那双不大的眼睛，笑着说："嘿呀，我姓陈的不信命，我只信马克思，相信子弹是能打死人的，它不会飞到我面前就立定、敬礼！"

他们的谈话总是这样充满着友好气氛，而又带着善意。有时互相提醒，有时彼此忠告，甚至不厌其烦。徐海东尽管认为师长的话有道理，可是一上战场，往往就不放在心上了。他认为做一个指挥员，不能只下冲锋的命令，要士兵勇敢向前，指挥员首先要靠前；他要求，营长要靠近连，连长要靠近排，排长要靠近班。这个要求，一般来说是不过分的，只是他这个团长，常常越过了营长的指挥位置。

开国大将 徐海东

这年 4 月，一次战斗中，徐海东随部队冲杀，负伤了。

徐海东负伤不轻，左腿连中两发机枪子弹，一颗穿过皮肉，一颗卡在大腿骨和小腿骨之间。他被抬下战场时，因为失血过多，一天一夜都处于昏迷状态。当他完全清醒之后，已被送进红军医院。

红军医院，乍一听还挺像回事似的，实际上，它是设在靠近山村的岩洞里的一个小包扎所。医生少不说，药更缺。伤员好不容易等到换上一次药，那伤口也只能是用盐水洗洗，涂一点凡士林药膏。徐海东伤势较重，又是团长，略受优待，被安置在靠医院附近的一个红军家属的家里。

这家陈姓，老太太的儿子陈锡联也在红 4 军。她听说徐海东也是这部队的，认识他儿子，更加亲热，就像照顾亲儿子一样，每天给徐海东烧水、端饭，把家中仅有的一只母鸡也杀了，煨好鸡汤，送到徐海东床前。可是徐海东伤口痛得非常厉害，什么都吃不下。几个医生都明白，那是由于子弹还在他腿里头的缘故。

为了减轻徐海东的痛苦，给他彻底治好伤，他们一合计，觉得非动手术不可，可是眼下又没有麻药……说到缺药，医生、护士都无可奈何，一个个唉声叹气。其

▲ 红军的医务人员

实，那年月药品是如何来之不易，徐海东比他们这些医务人员知道得更清楚。

徐海东听说过，在第一次反"围剿"的双桥战斗中，我们红军活捉了敌 34 师师长岳维俊。这个俘虏要求释放他，由于他早就知道红军缺医少药，其他物资供应也很困难，便提出愿以 20 箱西药和一部分军服作为交换条件。谁知，后来谈判了许久，敌人那边宁肯出钱，也不肯给红军药品。后来红军通过上海、南京地下党的关系，好不容易买到一些西药，分到这个医院也就寥寥无几了！眼下许多伤病员，就是因为缺药，有的久病不能医治，有的伤情恶化，眼看着不少的同志活活病死了。

开国大将 徐海东

陈大妈和女儿知道红军没有药，就四处找中医求药方，从很远的山上挖来中草药，捣碎敷在徐海东的伤口上。这样，虽说给徐海东减轻了一些疼痛，可是子弹头没取出，还是不能消除病根。这样下去，今后怎么行军、打仗呢？徐海东一想到这里就急了，他几次向医生提出，一定要想办法把腿里的子弹取出来。医生只是点头，却迟迟不给手术，原来他们是在等着买来麻药哩！

徐海东身体稍加恢复，觉得精神好些了，就拄着棍下床。可是刚走几步，他就觉得那条腿疼痛难忍。想到部队正大发展，听说又打了一些胜仗，自己却这个样子，他心中更加着急。十几天过去了，徐海东忍不住了便向医生、护士发火："你们顶什么用哟！放我出院！"医生赔着笑脸，要他再等几天。

一天早晨，医生拿着一支麻药，走到徐海东床前，皱着眉头说："药是搞到了一支，看样子可能有点过期，只怕失效！"

徐海东只盼着早日把腿里的子弹头取出来，也不管药物的性能，忙说："好吧，快快动手。我正想着，就是没有麻药也可以动刀哩，现在有了一支，总比没有强吧！"

医生和护士都十分理解徐海东的心情，便立即准备手术。他们怕这支麻药失效，又找了中草药方配合着用。不知是为了固定伤员，还是以防麻药失效，护士拿了条白带子，要把徐海东的腿捆在长凳上。徐海东连忙摆手说："不要捆呀！捆上动刀子，那不成了宰猪羊了！"说着笑了起来。

医生很年轻，对外科手术经验不多，又怕麻药不灵，心情正紧张。徐海东一说笑，把他们那紧张的情绪冲淡了。年轻的医生看着这位团长那副坚强的面容，也就勇气十足地拿起了手术刀动起手术来了。那支麻药，既有效，又不完全有效，徐海东头上的汗珠直滚。他咬紧牙，自己用双手压着腿，瞪起眼睛望着医生切开伤口，又看着他们用镊子从血肉中扒来扒去，最后钳出一颗子弹头……

房东老妈妈没敢看医生动刀，又跑到山上采药去了。她回来后听说徐海东腿里的子弹头取出来了，高兴得不知说什么好，又夸医生，又赞护士，还忙不迭地夸徐海东是条硬汉子，连声地说："这下就好了，这下就好了！"

可能是心理作用，取出子弹头，徐海东感到一身轻松，第三天他就拄着棍下地。不知是他的体质好，还是

老妈妈采的毛根草顶用，伤口长得很快。手术后一个多月，徐海东拄着棍子，一拐一拐，便离开了老乡家，找队伍去了。

坚守鄂豫皖根据地

　　1932 年 2 月，红四方面军成立独立第 4 师，徐海东任师长。1932 年 3 月下旬至 5 月上旬，红四方面军发起苏家埠战役，歼敌 3 万余人，解放了淠河以东广大地区，是鄂豫皖红军获得的空前大胜利。徐海东没有直接参加苏家埠战役，他奉命在商城、潢川一带深入发动农民群众，组织游击队，打击地方反动武装，配合主力红军歼敌。当他了解了苏家埠战役的胜利经过时，对徐向前总指挥的围城打援战术非常钦佩，并且从中得到了一个启示：一个好的指挥员不仅要有"勇"，敢于和敌人拼杀；更重要的是要有"谋"，善于和敌人斗智，调动诱骗敌人而歼灭之。他深感提高战略战术思想的重要。

　　1932 年 6 月，蒋介石指挥 26 个师又 5 个旅共 30 万人，分 3 路向鄂豫皖苏区发动第四次"围剿"。由于

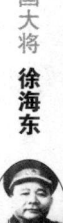

开国大将 徐海东

张国焘采取了错误的作战方针，战术指导上又着着失误，使红四方面军在反"围剿"开始时就陷于被动局面。1932年秋，独立第四师改编为第27师，徐海东任师长。10月，他率领第79团去英山地区打掩护，与主力部队失掉联系，在前后畈作战两昼夜，不见师政委带走的另两个团靠拢来，也不知主力红军的去向，心情很沉重。为了摆脱敌人的围攻，他带领第七十九团翻过一座大山，来到了土门潭。

土门潭街头街尾都是伤兵和逃难的群众，一片混乱。徐海东到处打听红25军军长蔡申熙的去向。伤兵们说，他们在金寨见过蔡军长。徐海东立即跨马去金寨，途中遇见皖西北道委书记郭述申。郭述申说：10月初，张国焘在河口之黄柴畈召开了中共鄂豫皖中央分局少数人会议，决定红军主力向外转移。"张国焘给你我和刘士奇（东路游击队司令员）留下一封信，要我们组织鄂豫皖工委，留在皖西坚持斗争"。郭述申还告诉徐海东：蔡申熙军长牺牲了。徐海东听后极为悲痛，他改变了去金寨的打算，与郭述申一起在附近一个村庄找到了刘士奇。他们根据鄂豫皖分局的指示，组织中共鄂豫皖工作委员会，郭述申任书记，刘士奇、徐海东任委员，并决定由徐海东负责把第79团和英山、霍山、六安的地方部队合编成6个团。10月2日，成立红27军，刘士奇任军长，郭述申任政委，徐海东任第79师师长。

红27军成立后，召开军事会议，讨论红27军行动方向问题。军部认为苏区大量的逃难群众和伤病员跟随部队行动，使部队不便机动，不易摆脱被动局面，遂提出离开苏区、抛开伤病员和随军群众渡江游击的计划。徐海东坚决不同意部队过江，更反对抛弃逃难群众和伤病员，主张坚持根据地斗争。会后，他指挥第79师从湖北的英山打到安徽的霍山、宿松、潜山、太湖一带。又从六安返回黄安，艰苦转战一个多月。他把全部心血都倾注在带好部队、保护群众上，不论行军还是打仗，前面有事他赶到前面，后尾有事他又折回后尾，一连23天没有上床睡过觉。当部队摆脱敌人稍事休息时，他一躺下竟睡了30多个小时，醒来后就大口吐血。这次行动牵制了敌人很多进攻部队，掩护了红军主力的安全转移和保护了大批的群众，抵制了军内领导人的错误，最后终于胜利地回到了苏区。郑位三在回忆这段历史时指出：这种掩护战关系到这个部队的存亡，又是困难万分时的掩护战，如果没打好这些掩护战，也没有27军回来。红27军回到苏区后，省委专门召开了总结会议，狠狠地批评了军部一些领导人的错误，同时表彰

了徐海东坚持的正确意见，肯定了他在指挥作战中所起的决定作用。

1933 年 4 月 14 日，鄂豫皖省委发布《鄂豫皖省委通告 106 号》，宣布以"夺回新集、七里坪、红安、宣化店、商城、金家寨等一切城市"作为反攻时期的主要任务。这时省委得到了中共中央 1933 年 3 月 10 日《给鄂豫皖省委的军事指令》，要求"肃清敌人一切地方和常备的军队。"这是"左"倾盲动主义作出的一个错误决定。徐海东当时看不到中央命令，也没有参加省委的讨论。吴焕先回来传达省委的决定，讨论围攻七里坪部署时，徐海东表示了两点不同意见：第一，兵力不足，围城就没有打援的，如果敌 89 师从黄安来增援，我军无力消灭敌人；第二，供养困难，苏区无粮供应部队，要抽部队到白区去筹粮，这种形势，不能打七里坪这样的攻坚战。七里坪位于黄安县城北 40 里处，地形险要，易守难攻。敌 13 师 6000 余人驻扎那里，建筑有几道坚固的工事；周围还驻有敌军两个师，随时可以增援；而我红 25 军 3 个师加上军直属队共计一万余人，既无围歼守敌和阻击援兵的足够兵力，又无攻击坚固设防据点的经验和条件，贸然进攻，只能招致损失。但是，省委没有考虑他的意见，强调这是中央的指示，坚持要打。5月4日，红军开抵七里坪。接连几日，与国民党军数次交手，既未攻占国民党军阵地，亦未予敌以重大杀伤。7日晨，第217团袭击小悟仙山，被国民党军反击回来。11日晨，红军攻击大悟仙山，亦未得手。战斗开始10天后，双方形成对峙，且红军粮断，军部决定抽出一部分人去筹集粮草，留在前线的指战员只能以野菜树叶充饥。面对这种状况，徐海东建议省委撤围。他说：我们围困的目的是消灭敌人，现在相反，敌人一点困难没有，我们自己饿垮了。钢军铁军吃了饭才能打仗，自古道："兵马未动，粮草先行"。省委不但不采纳徐海东的建议，反而批评"怀疑能拿下七里坪和各中心城镇的就是'右倾思想'"。部队饿着肚皮继续围攻，肃反错误继续扩大，第73师共产党组织被解散。至6月中旬，红军由于多日断粮。长期露宿，各种传染疾病迅速蔓延，病、饿致死者达3000余人，加上战斗伤亡，全军只剩下6000余人，而且体质虚弱。七里坪久攻不克，主力部队损失惨重，根据地中心区域又遭到国民党军破坏。至此，省委才不得不作出全军于6月13日撤出阵地的决定。

七里坪战斗失利后，徐海东被通知参加省委召开的骨干分子会议。主持会议的省委书记，要大家对这次部

开国大将 徐海东

队行动发表意见。徐海东站起来痛心地说：红25军这样好的队伍搞垮了，领导上要负完全的责任，小资产阶级领导，只顾自己吃饭就行了……这几句话刺痛了省委书记，他未等徐海东把话说完，就用烟头指着徐海东说："海东，哪个是小资产阶级？你这个观点成了问题。你没有参加会议的资格！"戴季英（红25军政委）也落井下石，说：徐海东"变"了。

徐海东被赶出会场后，思想上负担很重。他想到在"肃反"中讲了几句怪话的人，就给带上反革命的帽子杀害了，这一次他直接批评省委领导，一定要定成反革命，三天之内就会被抓起来。就在这个时候，国民党军第30师、第31师攻上来，形势很危急！徐海东想：与其叫人扣个"反革命"帽子杀死，弄得不明不白，不如在战场上战死，也落得个光荣。他抱定牺牲的决心，先把220团、222团团长找来，研究了敌情，分配了任务。然后，他脱下上衣、裤子，穿一条短裤衩，从警卫员手里要过枪和子弹，并命令警卫员原地不动，注意保管他衣服口袋里的文件。随着冲锋号声，他带领交通队首先向敌群冲去。战士们紧跟着副军长，个个奋勇向前，像猛虎下山扑向敌人。徐海东那负过4次伤的腿，怎能跑得过这些年轻的战士们！一时间，两个团和特务营、交通队的战士都从他的身边冲到前面去了。这一冲，把敌人一个旅冲垮了，俘虏敌人470名，其他各路敌人纷纷后撤，国民党军两个师的进攻停了下来。

徐海东走下战场回到村里，喝了碗水，感到很累，负伤的腿十分酸痛。他躺在床上，担心当"反革命"的思想又开始在脑子里翻腾起来：本来准备牺牲，了此一生，想不到打了胜仗又活下来了，今后怎么办？想来想去，得不出结论。第二天上午，省委书记来了。他对徐海东说：你打仗很勇敢，不怕牺牲，是好样的。为什么政治上不进步？徐海东反问道：表现在哪里？省委书记说：几次省委通知你开会，你不参加，这不是政治上不进步！徐海东答道：不是我不愿意参加，每次开会，戴季英说他是省委委员又是政委，他开完会回来给我传达，不让我去。省委书记这才联想起戴季英在省委会上曾说，徐海东不会打仗，连哨都不会放，胜仗都是他指挥的等情况，对徐海东才有了正确的了解。事后，他对鄂东北道委书记徐宝珊说："宝珊，我不死，不准再有人说徐海东有问题，哪个说他有问题，哪个就是反革命。"

回忆这段历史时，徐海东心情沉重地写道："我做副军长兼师长期间，一直受打击、排挤。打仗有我的

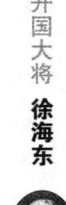

开国大将
徐海东

份，跑路有我的份，别的权力没有。有一天，部队两顿饭没吃，我决定给每个单位发一块钱买南瓜吃，还差13块钱，我让人到军部经理处去支，他们说要有军长、政委的信才给……我深感我这个副军长是有其名无其实，工作实在难做。"在这种情况下，他小事尽量忍让，但在原则问题上不让步。1933年6月中旬，红25军在向皖西北转移途中，给养困难，部队有一半人员非伤即病，连队大部分人都在抬担架。徐海东随第74师行动，拐着一条伤腿，艰难地步行着。当部队进到福田河一带时，突然接到军部命令：过福田河以东筹粮不用调查，牛羊猪鸡都可以杀，以改善部队生活。这一命令是错误的，是旧军队军阀主义的表现。徐海东见到命令后十分生气，马上将第74师3个团长找来，嘱咐他们不得执行这一命令。他特别强调群众的牛不能杀，说它是贫苦农民一家的命根子，杀一条牛就等于杀人全家，工农武装应该为工农着想。由于徐海东抓得紧，第七十四师的指战员一路上宁愿忍饥挨饿，也不骚扰百姓，很好地维护了群众纪律。途中，他还派人把军部丢下的牛皮、牛骨头埋起来，并赔偿了损失。以后沈泽民见到徐海东时，曾流着泪对他说："海东同志，要有你这样的党性，25军不会这样。"

1933年8月中旬，敌军4个师向皖西进攻。红军艰苦转战，未能扭转局面。9月初，省委指示红25军向鄂东转移。部队连夜从南溪、葛藤山出发。徐海东正患重病，发高烧，只好躺在担架上，随同勤杂人员由特务连掩护，走在全军的后尾。天刚亮，部队来到黄土岗公路附近，遭敌31师的拦截，队伍被切断了。吴焕先率领大部队通过了公路，徐海东带着特务连掉了队。战斗很激烈，徐海东从担架上下来改乘骡子，指挥特务连登上东边的大山，敌军一个旅向他们围攻过来。徐海东在命令特务连守住山头的同时，估计到这次偶然与敌遭遇，会有一些人员掉队，便命令司号员吹联络号。过了一会儿，山下果然答号了，原来220团的一营和另外两个连也掉了队。敌人听到山上山下号声一片，弄不清红军到底有多少人，不敢进攻。徐海东指挥这联络起的6个连队边打边撤，但公路冲不过去，只得折回皖西。在部队摆脱尾追敌人之后，他将一些零星掉队人员编成一连，丢掉一些挑子，又将担挑组成一连，总共8个连，编成3个营。

10月2日，徐海东率部到皖西红旗山丁家埠与郭述申率领的红82师会合。11日，中共皖西北道委在南溪吕家大院召开会议，将红25军未能过路的部队编为

第 84 师，与第 82 师合编成红 28 军，共 2300 余人，徐海东任军长，郭述申任政治委员。部队还根据徐海东的建议，制定了"不打消耗战，不硬拼，积极开展外线游击，寻机歼灭敌人，使部队弹药物资充足，吃饱穿暖"的行动方针。11 月初，徐海东率领 84 师在石门口与国民党军独立 40 旅遭遇。红军乘敌无备，猛烈进攻，歼敌一个团，俘 1000 余人，缴获长短枪 800 余支，大衣 700 余件。这一仗改变了部队的武器装备，提高了部队的战斗情绪，是红 28 军坚持皖西斗争的良好开端。

不久，郭述申患重病，皖西地区党政军全部工作，主要由徐海东主持。徐海东指挥部队以商城为中心，广泛地开展游击活动，发动群众打土豪分浮财，建立农会和基层政权，成立农民自卫武装。时值初冬，寒风凛冽，全军大部分人员还穿着单衣。12 月中旬，徐海东率红 28 军袭击吴桥、段集、攻克黎家集，3 次战斗歼民团 500 余人，缴获棉布 600 余匹，棉花 1000 公斤。有了布匹和棉花，徐海东召开干部会，动员大家自己动手缝做棉衣。全军上下，你帮我，我帮你，不几天，每人做起了一套棉衣和一副绑腿。

1934 年 1 月中旬，徐海东指挥部队在固始经过几次战斗，消灭敌第 45 师一个团另两个连，后转移到金寨。在那里，开展群众工作，发动分粮斗争。3月上旬，驻守金寨的敌独立第5旅一个团和该县县长率领的民团围攻过来了。徐海东以两个营正面阻击，主力转移到侧后，一个冲锋，把敌人一个团打垮。战斗结束后，部队转移到葛藤山。因连续行军作战，部队十分疲劳，徐海东让部队停止前进，就地做饭休息。但饭还没有做好，敌第54师161旅（两个团）从南溪攻来，火力很猛。徐海东观察了地形和敌军的部署，命令第84师一营坚守阵地阻击敌人，第82师两个营顺着一个突出的山梁向小石家沟佯动，造成敌人错觉，吸引敌人。而后，只留下一个排固守阵地，其余的部队又顺原路撤回来。敌人误以为小石家沟是我军主要阵地，便将主要兵力和火力转向那里。此时，徐海东率领4个营从东西两侧迂回至敌人侧后，突然发起进攻，激战一个多小时，将敌两个团大部歼灭，毙伤千余人，俘代师长刘书春以下官兵130多人。刘书春被押到徐海东面前，望了一阵，问："军长，你是黄埔几期？"徐海东摇头。刘书春又问："那你一定是保定的了？"徐海东说："你别问了，我既没听过保定的课，也未入过黄埔的门，我是青山大学毕业的！"刘书春听后琢磨半天又问："这青山大学在哪儿？"徐海东用

开国大将 **徐海东**

手指指门外的山说："就在那儿！"刘书春低头不语。

徐海东在皖西战斗将近半年，皖西苏区扩大到东西270余里、南北100余里的范围，红军由2000人增加到3200余人。

1934年4月16日，红25军与红28军在商城的豹子岩会师。次日，两军合编组成红25军，徐海东任军长，吴焕先任政治委员。当晚，他们两人进行了亲切的交谈。吴焕先首先表示：此次改编后，我们一定要把部队带好，才能对得起革命，军事上由你负责，政治工作我多做些，你看怎样？徐海东听了，很受感动，诚恳地说：焕先同志，过去如像你今天说的这样，有一点民主就好了，25军肯定不会如此惨败。吴焕先说：不碰钉子，没有血的教训，我没有这个认识，今后一定改正。徐海东说：能改正就好，你很聪明，工作积极，只要我们加强团结，真诚合作，一定能把工作做好。从这时起，红25军的领导作风开始转变，部队的行动，不再是个别人的独断专行，而是集体商量、决定。徐海东感到心情舒畅，他在军事上的聪明才智得到了更好的发挥，与战友们一起，领导部队打了许多胜仗，也抵制了军内少数领导人的错误。

部队在豹子岩休整数日，又转向鄂东北找省委。4

月 19 日，部队经过潢麻公路，敌 109 师两个营从沙窝追来。徐海东命令第 223 团埋伏于高山寨，其余部队继续前进。当敌进入伏击阵地后，第 74 师突然回击，敌军两个营全部被歼。4 月 20 日，部队在高山寨西南一个村庄找到了省委书记徐宝珊。省委召开了扩大会议，研究红 25 军的行动方向，并宣布补选徐海东为省委委员。

7 月 12 日，国民党军从东西两面向朱堂店地区进犯，为避其锋芒，红 25 军转移到白鸭山一带。徐海东命令部队按兵不动，积极准备干粮、草鞋，等敌人包围圈合拢后，他指挥部队冲垮其一路，再牵着敌人鼻子向殷家冲方向走。17 日拂晓，红 25 军从殷家冲向何家冲转移，当红军进到长岭岗附近时，徐海东从望远镜里发现敌 115 师 3 个团摆在一个山坡上戒备松懈，几门炮架在山头上盲目乱打。敌人未发现红军，红军所处地形极为有利，长岭是个孤岭，敌人难以展开抵抗。徐海东马上命令部队停止前进，让通讯员赶快去请政委上来。吴焕先到后，他说：你看看长岭岗上的敌军样子，似乎是个好机会，打一仗怎么样？政委观察后连声说：对，打吧！他俩研究好了打法之后，随即命令第 224 团团长熊升宽带第一营打掉敌排哨，2、3 营

攻击岳家沟以南敌之连哨，徐海东和吴焕先各带两个营从正面攻击。长岭岗上顿时枪声大作，红军战士挥舞刺刀，猛扑敌群，混战3小时，便把第115师打垮了，除师长带几百人逃命外，歼灭团长以下官兵3700余人，缴获机枪60余挺、长短枪800余支。这是红25军在豹子岩会师整编后打的第二个大胜仗。

8月初，红25军再次转战皖西北地区。月底，省委为了扩大红军的政治影响，解决物资问题，决定打英山县城。徐海东奉命带领部队到达英山县城附近后，对敌情地形做了详细调查，得知城里驻有国民党军第47师一个团和县民团，工事坚固，碉堡林立，防守严密。他派出一个小分队进行火力侦察，一下伤亡了20余人。根据这种情况，他建议省委不打英山，改攻太湖。他说：太湖没有工事，没有正规军防守，只有民团，我军远距离奇袭，突然发起进攻，定会使敌人措手不及。太湖是安庆的大门，工商业都较发达，若论影响，不比英山小。省委经过讨论，采纳了他的意见。9月3日，徐海东率领红25军从英山县城东北的杨柳湾出发，一夜急行军40余公里，到达太湖县西北的回龙弯。4日下午，部队继续前进，连续急行军60余公里，于午夜神速地攻下太湖县城，消灭守军安徽省警备旅一部，缴获布匹、药品等大批物资。战后，徐海东带领几名战士清查敌营房货物时，发现仓库里存放着大宗雨伞。他高兴地对战士说：这是好东西，快派人收点好，每人发一把。他还强调说：要知道，一把雨伞就是一间房啊！攻打太湖的胜利，震惊了敌人，影响了群众，太湖县附近的几个县，大批群众自动起来进行抗捐抗税抗租和分粮的斗争。

11月4日，红25军来到葛藤山，收到中共鄂东北道委书记郑位三给徐宝珊、徐海东、吴焕先的来信。信中说：党中央派程子华来鄂豫皖工作，现已到达道委，建议省委率红25军来鄂东北研究今后行动计划。6日，徐海东和吴焕先率部从葛藤山出发。7日，在商城以南的汤池，歼国民党军第109师工兵营4个连，通过了从麻城到商城的封锁线。当天，在商城西南大柳树又击溃国民党军第107师两个团，并打垮了前来增援的第108师先头部队，通过了从商城到新集的封锁线。部队到达余家集附近，徐海东命令全军休息5小时。深夜，全军迅速通过了从双柳树至新集的封锁线。后又遵照徐海东的命令，跑步前进，一个小时跑出了25里，甩掉了潢麻公路上的敌人，到达了光山县城南的斛山寨。

部队在斛山寨休息不到两小时，国民党军第107

开国大将 **徐海东**

师、第 117 师 4 个团尾追而至，从东西两面向红军发起攻击。红军第 223 团遭敌包围，第 224 团被敌第 4、第 5 支队压到朱家坳的一片洼地里，难以进行有力的还击。此时，敌机又对红军阵地狂轰乱炸，红军处境危急。徐海东和吴焕先一同登上斛山寨附近的制高点，仔细观察和分析了敌我占据的地形和双方力量对比之后，徐海东对吴焕先说：要以"走"来摆脱敌人是困难的，只有打垮敌人的进攻，才能继续前进。吴焕先同意徐海东的意见，两人商定：由吴焕先指挥第 74 师从正面攻击敌第 4、第 5 支队，徐海东率第 224 团迂回到敌后，攻击第 107 师，并协同第 223 团攻打敌第 117 师。该敌在红军三面夹击下，纷纷溃乱，战斗从下午打到黄昏，共毙伤俘敌 4000 余人，红军伤亡数百人，第 74 师政委姚志修负伤后牺牲。战后第二天，徐海东率领先头团继续西进，于 10 日晚到达宣化店以北的鄂东北道委所在地——殷家湾。

活捉敌师长柳树春

1933年大别山区春暖花开之时，徐海东军长和郭述申政委率领红28军，游击到皖西的葛藤山一带。他们原计划来到这里后，休整几天，等待战机，再打个胜仗。

可是，部队刚刚落脚，侦察员就送来了情报。两个旅的敌人分两路合击过来，敌54师代理师长柳树春带领先头部队打头阵，并扬言要活捉"徐老虎"。

侦察员站在徐海东面前，还有话要说，但不好开口，说了怕徐海东发火。

徐海东见侦察员吞吞吐吐，便说："还有什么情况？快说！"

"他们要……"侦察员还是没说出口。

徐海东把脸一沉，站起身来说："你搞什么鬼名堂，有话赶快说嘛！"

开国大将 徐海东

侦察员被逼得不说不行了，才放低了声音说："敌人要活捉你。"

徐海东嘿嘿一笑，对侦察员说："娘的吹牛皮！你呀，人家吹牛皮，就把你吓住了。去去，想个办法，给柳树春传个话，说徐海东要活捉他！"

侦察员笑着跑开了。他想，军长说的是气话，眼下这时候，谁也别想捉着谁，我也没有什么好办法把军长的话传给柳树春。

夜深了，徐海东毫无睡意，正在动脑筋想办法狠狠咬敌人一口。他点着油灯，弯下身子，两只大眼睛盯着军事地图，手在图上比来划去，分析着敌我态势。

这时，郭述申政委来到徐海东屋里，进门便问："怎么还不歇着呢？"

徐海东说："柳树春扬言要活捉我，我要打他这个狗娘养的，不打个胜仗，我们的屁股坐不住呢！"

郭述申说："是哩！我们若是能打掉它一路，另一路就怯阵了。"

"对！"徐海东赞同政委的意见，决定先吃掉南路54师这个旅！

徐海东和郭述申在油灯下，又仔细研究了一番，商定了作战计划，当晚就带领部队出发了。

红色将帅
十大大将
★

第二天拂晓，敌人向葛藤山方向迂回过来。徐海东立即命令两个营，沿着一条高高的山梁，抢占了小石家沟附近的山头。

敌指挥官柳树春，正焦急地等待和红军交火的机会，突然发现了山梁上冒出一支红军。他想，机会已到，便指令他的部队，向小石家沟山头发起攻击。

这是徐海东的一个计策。当直奔山头的战士，看见远处的敌人跟过来的时候，突然接到传来的命令："快快上山，再快快下山。"大家对徐海东的计策心领神会，于是，一边攀登，一边相互鼓励：

"快啊，爬上山头有戏看！"

"快点爬啊！"

你追我赶，不一会儿，两个营就登上了山顶，战士们回头往山下一看，只见黑乎乎的一片敌人，正缩头缩脑地往上爬。

指挥员按照徐海东的作战计划，命令留下一个排守住山头，其余的兵力立刻奔下前面的山坡，迅速钻进一条山谷，从敌人的侧翼转到山下。

敌师长柳树春，指挥着他的两个团继续往山上爬，他心里美滋滋地想，这次可是追上红军了。但他没想到，这是徐海东布下了一个"迷魂阵"。

开国大将
徐海东

当敌军快要爬到山头的时候，埋伏在山下的红军，和从山上下来的两个营，分别从左右两侧夹击敌人，机枪口一齐对准山头。得意忘形的柳树春，这时才发现他已陷入了三面挨攻的境地，想要调整兵力，但来不及了。

　　红军战士似出山的猛虎，冲入敌群，山坡上的敌人，成了热锅上的蚂蚁。东奔西跑，你推我搡，乱作一团。徐海东提着马鞭，带着一式驳壳枪的交通队，飞跑过来，他向战士们高声呼喊：

　　"同志们，不要放走一个敌人！"

　　战士们看到军长也冲上来了，个个精神倍增，向溃散的敌军压过去。

　　战斗只进行了一个多小时，敌人一个旅、两个团的人马就被红军消灭了，山沟里集合了 1000 多个俘虏兵。

　　在清查俘虏的时候，红军战士听一个俘虏兵说，他们的大官柳树春也没逃脱得了。

　　战士们细心地在俘虏群里、尸首堆里寻找柳树春，并喊叫着：

　　"柳树春，你逃不了啦，快出列！"

　　"当官的，赶快站出来！"

　　"红军保护你们的生命安全！"

一些被俘的军官，听到红军战士们的喊话后，耷拉着脑袋，从人堆里走出来，供认自己的身份。一个肥头大耳的敌兵，被其他敌兵推拥到红军战士面前，只见他穿一件士兵服装，两眼无神，垂头丧气。他先说自己是营长，后来又说是团副，在大伙儿的追问下，实在混不过去了，才支支吾吾地承认他就是54师的代师长柳树春。

　　红军战士们高兴地押着柳树春回军部，他心里慌慌张张地问去什么地方，一位战士打趣地说：

　　"你不是要活捉徐老虎吗？他请你哩！"

　　"啊！徐军长真在这里？"

　　"不用怕，他这只老虎不吃人！"

　　徐海东听说活捉了柳树春，还俘虏了他1000多官兵，心里暗自高兴。这是红28军在皖西反"围剿"作战中的一次大胜利。

让战士穿上冬装

　　1933 年的冬天到了，大别山上刮来的寒风，使天气变得一天比一天冷。红 28 军的战士们这时还没有棉衣，没有棉裤，从头到脚仍然穿着夏天那一身单衣，战士们被冻得浑身打颤。

　　军长徐海东虽然有一件大衣，但是，眼看着全军战士都在挨冻，他不愿意穿着大衣出现在人前，而他的那件大衣便成了公用的。政委郭述申生病发高烧，徐海东让警卫员送给政委穿上，政委退烧了，又把大衣让给了另外的病号，他的这件大衣，就这样传来传去，为大家御寒暖身。

　　徐海东带兵懂得爱兵，他常说："要让战士们吃饱穿暖，才有战斗力。"眼下吃的还能凑合，有粮吃粮，没有粮食就用南瓜充饥。可是，棉衣就成了老大难了，一没有布，二没有棉花，1000 多人的队伍都在受冻，他和政委郭述申都在发愁。

行军路上，徐海东问战士们："同志们，冷不冷啊？"

战士们回答："不冷！跑路热着哩！"

军长的刚强性格，带出的兵也是硬骨头，如果有谁敢在他面前说声"冷呀！"他会瞪着眼连笑带骂："孬种。"

12月初，部队在石门打了一仗，缴获了敌军一些棉衣。体弱的和伤病员先换了装，但全军大部分人还是夜间盖稻草，白天一身单。供给处长也为战士们没有棉衣穿而着急，因为他手里只有30块大洋，就是用这些钱全部买了棉花和布，也解决不了冬装问题，再说，还要买粮食、买油盐。

正在发愁之时，徐海东派出的侦察员跑回来报告说："驻吴桥、段集的民团，刚刚运到一批棉布！"

徐海东说："好！要的正是这东西，袭击它！"

当夜，他亲自带领一个团奔袭了吴桥和段集，把敌人还没开包的棉布一窝端走了。

过了几天，又得到赤城县委送来的情报说，叶集有两家土豪劣绅开的布行、棉行。

徐海东说："好，攻打叶集！"

开国大将 徐海东

叶集是个小镇子，地方不大，只有200多民团防守。兵贵神速，这里的敌人白天还没听说附近几十里有红军，但一夜之间徐海东的红军就飞到了面前，没用几颗子弹，就把这一小伙敌人给收拾了。

连续几天，三战三捷，共歼灭民团500多人，搞来了600多匹棉布，1000多斤棉花。

有了棉花和布，供给处长不再愁了，忙活着为全军做棉衣。

徐海东看到了战利品，喜上心头，便问供给处长："怎么样，这回问题解决了吧？"

供给处长说："差不多了。"

徐海东又问："几时能把军装做好？"

供给处长说："能再打一仗，再搞些棉花来就好了，现在，每套军装只能絮一斤棉花，这一斤棉花的棉衣顶啥用！"

徐海东笑呵呵地说："现在没有便宜仗打了，俗话说，看菜吃饭，有一斤棉就絮一斤棉，总比单衣挡风寒好得多。"

供给处长是全军的管家，挺会算计。他拨着算盘珠，算来算去，然后再算给徐海东听，总觉得还缺一些棉花，希望徐海东再搞一些棉花来。

红色将帅 十大大将 ★

徐海东头脑里也有他的算盘，他盘算了一下，皖西这块地区中能攻打的城镇太少了，一是路程太远，二是敌人的兵力太强，为了搞棉花，去打无把握的仗，因小失大，决不能干。

正说着，军政委和几位师长、师政委都来了，大家七嘴八舌议论着：

有人说："一斤棉花也行啊，总比单衣暖和。"

"是啊，一层棉顶十层单，薄就薄点吧。"有人附和着。

也有人提出建议："干脆只絮棉袄，不絮棉裤，布多的话，就每人再发两条单裤。"

供给处长一边听大家的议论，一边琢磨着，他眉头一皱，计上心来。"棉裤还是要的，我看膝盖以上絮薄薄一层棉花，膝盖以下不絮棉花打绑腿……"

徐海东一听，这办法绝好！这样，棉袄、棉裤都有了，每人再发一副绑腿，走路利索，看起来精神，又能保暖，真是个好主意。

"娘的，好办法！"徐海东脸上笑出酒窝，"鬼东西，你怎么不早说呢！"他高兴地一巴掌打到供给处长背上："好吧，说定了，几天能做好？"

供给处长摇摇头，说不出准确的时间，他想，全军

开国大将 **徐海东**

只有三十几位女同志，其中还有的人不会做针线活；如果找老乡帮忙，一是山区难找人，二是没有统一的样式，做出来五花八门，七长八短，好好的布就太可惜了。

郭政委看供给处长又在犯难，便说："你呀，一会儿聪明，一会儿糊涂，把布和棉花按人分下去，发动大家动手嘛！"

徐海东也说："把女同志也分下去，会的当指导，不会的现学，我不信，只有女人会做衣服，为什么一定要女人做衣服给男人穿！革命、革命，把这个命革掉！"

说得大家一阵笑，大家又议论了一番后，决定办个缝纫训练班，通知各团、各营、各连分批派人来学两天。统一剪裁，分散去缝，再请几位老太太和大嫂当教练。

第二天，徐海东和郭政委专门召开了一个干部会，动员大家做冬装。开始，有的干部思想不通，说：

"好不容易搞的布，要是做瞎了多可惜！"

还有的说："反正冻不死人，就慢慢做吧。"

徐海东说："不行，还是分下去做，我就不信，男人只会穿衣，不会做衣。我看，男子汉除了不能生娃娃，什么事情都会做！那城里的好裁缝是男人，饭馆的好厨子也是男人。你们听着，明天就办训练班，选些心灵手巧的战士们，干部也要参加，谁要做不成棉衣棉裤，就叫他光屁股！"

会场上一片笑声，大家纷纷说：

"行啊！啥事儿都是人干的，边学边干吧！"

"哪个当兵的不会缝几针！"

徐海东说："光缝几针不行，做就要做得好看，穿上整齐像个兵样，如果衣服做得太长，像和尚袍似的，那算个啥东西！"他又对供给处长说："你得动动脑筋，把布染好搭配好，灰布发给一个团，蓝布发给一个团，那样做出的衣服穿起来才会整齐一致呢！"

供给处长按照徐海东的意见，很快就把布匹和棉花发到了各连队。这些战场上的男子汉都盘起腿坐在地上，穿针引线做起棉衣来，会做针线活的女战士像技术指导，穿梭在各班各组，指指点点，英雄有了用武之地。

徐海东看到战士们快要穿上棉衣了，他乐在心里，笑在脸上，每天早晨一起床，他就这个连队转，那个连队跑。战士们看见军长来检查，一针一线缝得更认真。徐海东在检查中，看到谁的针线好，就当场夸上几句；

开国大将 徐海东

碰上哪个笨手笨脚的或向他叫苦的，就骂上几句：

"鬼东西，不好好缝，叫你光屁股。"

调皮的战士说："这耍枪杆的手玩不转针呀！谁叫咱不是女人哩！"

徐海东又骂："鬼东西，如今还分什么男人女人，是人都一样，都得会打仗、会缝衣、会做饭！"

说归说，骂归骂，可当军长的还是担心那些"笨家伙"浪费了衣料和棉花，他让供给处长带几个好手，组织"突击队"，专门帮助那些同志。

几天的时间，全军都换上了战士们亲手做的冬装。队伍出发了，徐海东站在路旁，看着换了新装的队伍，显得个个精神焕发，徐海东自言自语地说："真是人凭衣服，马靠鞍啊！"

红军战士身上暖了，肚子饱了，在敌人的大包围中跳出跳进，游击越打越漂亮。

率军长征

　　1934 年秋天，党中央派程子华来到大别山，向红军传达中央的指示，要红 25 军离开大别山，开辟新的苏区。于是，11 月 11 日，红 25 军打着"中国工农红军北上抗日第二先遣队"的旗帜，开始了长征。此时，红 25 军军长程子华，政委吴焕先，徐海东任副军长。

　　阴冷的冬天，北风呼啸，天寒地冻，路面上结了一层冰，走在上面直打滑。天晴了，路上的冰化成了水，满路泥泞，红军战士每人身背两天干粮和两双草鞋，从一个叫何家冲的地方踏上了征途。战士们听说要远征，内心十分留恋大别山，他们从小生长在这里，当了红军以后也没有离开过大别山，现在要远走高飞，心里不免难过。为了红军的生存和发展，他们默默地向前走，两只脚像是量地的尺子，一步一步地往前量。

　　行军路上，徐海东总是跑前跑后，哪里危险，他就

开国大将 徐海东

到哪里。部队刚走出河南，驻朱堂店的敌人一个师，就兵分两路追来。徐海东根据敌情，提出作战方案并亲自带领两个团迂回上去，打垮了敌人。在越过平汉铁路时，敌人一个师在枣阳一带阻击，徐海东又指挥部队，冲破了敌人的防线。

红军从大别山出发，到陕南这两个多月的日子里，徐海东天天率领队伍先头行进，累得眼睛红肿，人消瘦了许多。政委吴焕先担心他累垮了，一天出发前，硬是下命令似的说：

"海东，今天你要随后走，我们走前头。"

徐海东打趣说："走前走后，路是一样多哩！先走的先到，好早点休息嘛！"

吴政委说："压后走，少操心，敌情不用管，路线也不用问，骑在马上，还可以打个盹，今天，你就去压后吧！"

红军队伍又上了路，这一夜的路程，真是难极了，天上浇雨水，地上是泥水，道路更是崎岖不平，几乎所有的人都摔倒过，一个个成了泥人。走到后半夜，雨更大了。就在这时，突然发现了敌情，一股敌人抄近路追上来了，红军战士冒雨顶风，在泥泞的道路上和敌人展开了"脚力赛"。平时行军20里路一次小休息，如今顾

不上了，为了甩掉敌人，总是不停地走，队列里不时传出"跑步前进"的口令，快步加小跑，人们喘息着和风雨抗争、和敌人拼抢。

从大别山区出征以来，红25军已经长途跋涉了6000多里路。许多人的脚底板上磨起了血泡，有的人重病在身，走不了路，只能用担架抬着，行军速度越来越慢。

走着走着，徐海东忽然听到凄惨的哭叫，"不要丢下我，不要丢下我呀！"徐海东立即跳下马，在黑暗中寻找，只见一个人手拄着棍子，一瘸一拐地往前走，原来是一个掉队的伤病员，徐海东赶快叫警卫员扶他上马。

警卫员小黄喊起来："不行、不行！我的马已经让给伤员了，你的马不能再让出去了。"

"混！"徐海东吼了一声，扬起手上的马鞭要打小黄。

警卫员小黄把伤员扶上了马，徐海东要来伤员的棍子自己拄着，一步一跌地往前走，他边走边鼓励在风雨中拼搏的战士们：

"同志们，加劲啊！快到目的地啦！……"

战士们听到徐海东的声音，一个个振奋起来，又喊

开国大将

徐海东

又叫，说："军长上来了！快走！"骑在马上的那个伤员，这才知道自己骑的是军长的马。他一欠身溜下马来，大声叫："军长，你快上马，我能走！"他扔下马一歪一歪地往前跑，没跑几步就摔倒在泥水里，徐海东急忙跑过去，把他扶起来后，又推上了马。

天快亮了，战士们在风雨交加的路上走了一夜，已筋疲力尽，队伍行进的速度减慢了。这一夜，战士们摔倒爬起，爬起来又摔倒，有的人爬不起来，只好由战友们互相搀扶着走。为了让大家避避风雨，暖暖身子，稍作休息，前边传来命令，部队在一个村庄里停下来。

这一停步，却出了麻烦，由于疲劳过度，许多人躺在房檐下或草垛旁，便进入梦乡，还有的人无处藏身，干脆躺在露天地淋着雨睡着了。

过了一会儿，前边又传来了"继续前进"的口令，可是，人们还是睡着不起，徐海东看着这情景，很想让大家多歇一会儿，但身后有敌人的追兵，不快赶路，就是自取灭亡啊！于是，徐海东冒着雨，一声声地喊，一个个地往起拉，实在叫不醒、拉不起的，就用手里的木棍敲打。他一边敲，一边喊："起来，起来，快走啊……"

一群干部、战士，听到徐海东的喊声，从老乡的屋

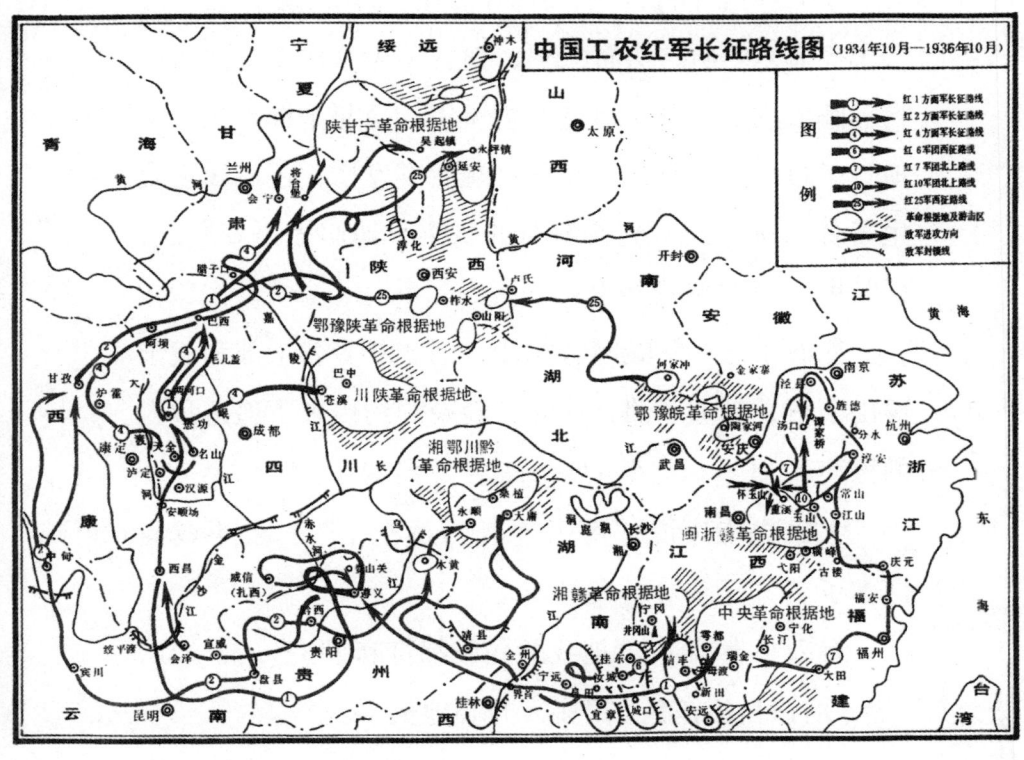

中国工农红军长征路线图 (1934年10月—1936年10月)

里跑出来，有人边跑边叫："屋里还有人！"

徐海东问："有多少人？"

"不少呀！团长、政委都在屋里。"有人说。

徐海东一听，火冒三丈，他容不得这样不管队伍而自己睡大觉的干部。迅速跑进屋里，抡起木棍没头没脑地打了过去，团长、政委被打醒后直发愣，还不知道发生了什么事，当听到徐海东的骂声，他们才捂着屁股，提起枪，慌忙往屋外跑去。

徐海东这一阵喊叫和棍棒，把240多名干部和战士撵出了村，赶上了路，这时，隐隐约约传来了追击敌人的枪声。

大家边走边说："幸亏军长一顿棍子呀！要不就当俘虏了。"

有人小声嘀咕："把我的屁股都打麻了！"

"活该！活该！"很多人开心地笑了。

大雨继续下着，部队冒雨行进。徐海东走在队伍末尾，忽见路旁有一人躺在担架上哭泣，徐海东连问也没问，便丢掉手中的木棍，对身边的警卫员说："来！跟我一起抬着。"说完，蹲下身去，等着警卫员。

徐海东的腿多次负伤，带有残疾，警卫员一清二楚，所以，他站在那里愣着不动，眼睛向后面张望着，希望能有人走来。

"给我抬！"徐海东严厉地说："伤病员一个也不能丢下，快抬着走！"警卫员只好和徐海东把担架放到了肩头。

躺在担架上的伤员顿时哭着叫喊："军长，放下我，放下我……"

徐海东抬着伤员，耐心地说："别动，别喊，躺着，好好躺着。"

伤员还是大声喊着："放下我，快放下我！我不能让军长抬着我……"

徐海东重复着："听话，不要叫，好好躺着。"

警卫员走在前头，不时回头看看伤员，又看看徐海东，他是多么希望后面能有队伍赶来，接替下徐海东。可是后边是空旷的原野，路上没有一个人影，再往前看，只见泥泞的路上踩下了数不清的脚印。

雨渐渐停了，风也小了，徐海东已累得汗流满面。他抬着伤员，一步一步朝前走，一气走了五六里路，还是不肯歇脚，终于赶上了前面的队伍，担架被别人接了过去。

徐海东多年不抬这么重的东西，今天又尝到了当年挑水卖的滋味。他站在路边，擦着汗水，目视着前方，

突然，他高兴地放声大叫：

"我们的援兵来了！"

警卫员小黄望了望四周，忙问："援兵？在哪里？我们怎么没看见？"

身旁几个人看到的，是横在前方的三座大山，徐海东笑着说：

"你们看到的那三个山头，就是三个团嘛！"

同志们顿时领会了徐海东的意思，他这"徐老虎"会打山地游击战，真像老虎一样，爱山林、靠山林、离不开山林。这三座大山，能隐蔽，能伏击，又有制高点，对他来说，好比增加了三个团的援兵。

战士们见到了山，信心更足了，他们有说有笑，加快了步伐，向大山奔去。

负重伤

　　红25军越过平汉铁路后，经青石桥、黄龙寺、月河店、金桥等地，很快进入了桐柏山区。

　　蒋介石闻讯后，大吃一惊，急令"追剿"纵队五个支队和东北军第115师跟踪追击；令驻河南省南阳、泌阳、方城、叶县一带的第40军和驻湖北省老河口（今光化县）一带的第4师，迎头堵截。蒋介石企图以30多个团的优势兵力，乘红25军脱离根据地、孤军远征之际，加以包围消灭。徐海东获悉这一情报后，与徐宝珊、程子华、吴焕先聚在一起分析敌情，讨论下一步行动方案。

　　"海东，你有什么想法？"吴焕先见徐海东一直没有说话，便问了一句。徐海东正在沉思，听吴焕先一问，便说："这桐柏山区，距离平汉铁路太近，又临着汉水，回旋范围狭小，敌人又重兵压境，我看待不住，

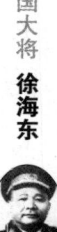

开国大将　徐海东

073

敌人也不会让我们待下去。我看此地不宜久留，转回大别山也不适宜，可乘敌合围之前，先转向伏牛山，到那里看情况再说，能坚持就坚持，不能坚持再转移。"

"敌人现在还不知道我们的意图，这是可以利用的条件。"吴焕先点头道。"对！"徐海东接着吴焕先的话头，"我们可派少数部队伪装主力，佯攻枣阳，造成南下杀向鄂北的架势，迷惑和调动敌人南下，待敌人南下后，我们再转头北上。这样，既可以隐蔽我们向北行动的意图，又可乘敌调动之际，杀他个措手不及，冲出包围。"大家一致同意这一方案。

1934年11月21日，徐海东派出一个营攻打枣阳县城，大造声势，主力则在桐柏县西部25公里之太白岭、界牌口一带隐蔽休息。枣阳县城枪声一响，守城敌人惊惶失措，连连向四处告急求救。各路追堵之敌闻讯后，果如徐海东所料，纷纷向枣阳疾进，一心想把红25军围歼。正当敌人向枣阳形成合围之时，红25军主力突然掉头，突破敌人两道封锁线，乘虚北上，向方城县东北方向插去，准备在独树镇附近穿越许（昌）南（阳）公路。

敌人在枣阳扑了空，蒋介石又大发了雷霆，令各部迅速查明红25军的行踪，很快便判断出红25军有"经象河关及独树镇、保安寨之间西窜企图"。于是调重兵前堵后追，红25军因远离根据地，情报来源少，主要靠捉"舌头"获取情报，捉不到"舌头"就难掌握敌人动向，因而未能及时了解敌人新的部署，形势对25军十分不利。

11月25日下午，红25军前梯队抵达独树镇，正准备穿越许（昌）南（阳）公路时，不料敌第40军115旅和骑兵团已于两小时前到达，抢先占据有利地形，突然向红军进行猛烈攻击。由于雨雪交加，红军发现敌人较迟，加之战士们的手指被冻僵，一时拉不开枪栓，抵抗不及，被迫后撤，十分被动。敌人乘机从两翼包围，附近又地势平坦，无险可守，情况万分险恶。在此危急关头，徐海东跑步赶到，振臂高呼："同志们，现在是生死存亡的关头，只有坚决打退敌人，决不能后退！"他身先士卒，冒着敌人密集的火力，同敌人进行激烈的搏斗。经过一番惊心动魄的恶战，终于打退了敌人的进攻。徐海东随即指挥部队抢占有利地形，防止敌人再次进攻。

敌人经过6次冲锋，未占到便宜，便就地防守，封锁公路，堵住红军的去路，企图等追击部队赶到，围歼红军。战斗间隙，徐海东细细观察地形和敌人部署，感

开国大将 徐海东

到白天要强行穿越公路，势必伤亡惨重，这很不值得；如果在此停留，待后面敌人追上来，那就等于自毙。他向军长、政委建议："同敌人再对峙一个小时，天黑后行动。"天黑以后，在地下党员的引导下，徐海东率领前卫队，利用敌人防守空隙，悄悄地越过公路，占据有利地形，掩护全军突出了敌人的重围。

11月27日拂晓，红25军抵达伏牛山东麓。蒋介石得知红25军已进入伏牛山，急令各部重新再次调整部署，前堵后追。

可到了伏牛山，徐海东才发现这一地区地域狭窄，人口稀少，粮食和物资都很缺乏，而且反动统治严密，创建革命根据地比较困难。而后面的追兵将至，不得已，红25军又继续长征，沿着伏牛山北麓向陕西南部转移，相机建立新的革命根据地。

1934年12月9日，红25军进至陕西省丹凤县北部庚家河镇，进行短期休整。中共鄂豫皖省委在此召开了重要会议，确定了下一步的行动。徐海东根据沿路调查所得到的情况，积极主张在鄂豫陕边界建立根据地。有人提出反对意见，他就扳着手指头，一条一条地说着在鄂豫陕边界建立根据地的有利条件："一是这里山大沟深，地势险要，回旋余地大，自古就是兵家割据称雄的要地，便于开展游击战争。二是这里是三省边界地区，反动统治比较薄弱，易于建立新政权。三是这里群众基础好，党和红军在这一带又有广泛的革命影响。早在1932年冬，红四方面军、红3军先后两次过境；1933年5月，陕北红26军曾南下陕南，这些都为革命播下了火种。因此，这里容易发动斗争。四是这里战略地位重要，北可与陕北红军相互配合，南可与红28军遥相呼应。"

徐海东正在侃侃而谈，突然，外面枪声四起，警卫员急报，有敌人从东面打上来了。徐海东立即中止发言，说了声："我去前面看看。"说着，提起手枪，朝枪响的地方跑去。原来，敌第60师从东面奔袭而来。徐海东跑到前沿时，敌人已攻占东山坳口的红军排哨，正向纵深猛攻，情况十分危急。

徐海东立刻命令第224团、第225团跑步抢占东山坳口南北两侧的高地，攻击敌人侧翼，他亲自率领第223团从正面猛烈反攻，红军终于夺回了东山坳口。但敌人的增援部队相继上来，并再次发起猛烈攻击。于是，敌我双方全线展开了激烈的争夺战。从中午打到黄昏，红军指战员经过殊死奋战，反复冲杀二十多次，终于打退了敌人的进攻。此战毙伤敌人800余名，残敌向

开国大将
徐海东

卢氏方向逃遁。

庚家河战斗，红25军虽然取得了最后胜利，但伤亡190多人，徐海东身负重伤，多数团营干部挂了彩。徐海东这是第8次负伤，他全身上下的伤痕达17处之多，这次伤比哪次都重，一颗子弹从他的左眼底下穿过，又从颈后飞出。

徐海东昏迷4天4夜，刚醒时连嘴都张不开，他一能说话，便急着要见政委。"政委早就说了，要你好好养伤，不准人来打扰。"守在他身边的护士周东屏如实说。"你是共产党员吗？"没等周东屏把话讲完，徐海东就打断了她的话。"是啊！"周东屏眨眨眼睛，"误了军情大事，要开除党籍哩！"徐海东吓唬她，"快去，请政委来。"

周东屏只好飞跑着向吴焕先报告，不一会，徐宝珊、吴焕先便来到了徐海东病床前。徐海东一见他们，就急着问红军今后的打算。徐宝珊说："我们几个人又讨论了一次，认为你上次的发言很对。鄂豫陕边界地区，确实地理条件好，群众条件也不错，决定在这一带创建新的根据地。""这就好，这就好！"徐海东放心地笑了。

一个月后，徐海东的伤口日渐愈合，但发过几次

▲ 1935 年 8 月，红 25 军吴焕先（前排左 1）、徐海东（前排左 3）等部分领导人与警卫人员的合影

烧后，又开始咳嗽吐血，身体非常虚弱。一个大雪的早晨，远处传来阵阵枪声，紧接着，一个警卫员进来报告："敌人偷袭，政委、参谋长已到后山指挥作战了。政委交代，情况紧急，请军长上担架，随时准备转移。"徐海东一骨碌从床上爬起来，大声说："走，上后山！"徐海东说着，提着手枪，就踉踉跄跄往外走。警卫员连忙上前阻拦："政委交代过，不让你去。""走开！"徐海东吼了一声，推开警卫员。

机灵的护士周东屏向警卫员使了个眼色，说："我们扶首长去。"周东屏同警卫员一左一右，架着徐海东，

开国大将 **徐海东**

顶风冒雪，深一脚浅一脚踩着雪，艰难地上了后山。

这次偷袭的敌人有两个多团，而红25军军部身边当时只有两个营的兵力，情况严重。徐海东听了情况汇报后，一边观察，一边思索，然后果断地派一个营迂回向敌人侧后，一个营从正面反击，前后夹击敌人。敌人很快被打得稀里哗啦，被歼两个营，余敌狼狈而逃。病榻上的将军，却神威不减，实在令人佩服。

红25军东征西伐，南征北战，创建了鄂豫陕革命根据地，这使蒋介石大为震惊。1935年4月20日，蒋介石调集30多个团，由杨虎城统一指挥，对红25军发动第二次"围剿"，并限定在5、6、7三个月内将红25军全部消灭。

敌人步步紧逼，形势一天比一天紧张，就在这节骨眼上，省委书记徐宝珊病逝，徐海东和他的战友们身上的担子更重了，怎样粉碎敌人的"围剿"？徐海东苦苦思考着。他一遍又一遍地审视地图，熟悉地形；一遍又一遍地分析敌情，寻找敌人薄弱环节。他脑子里终于形成了一个完整的作战方案，在省委的作战会上，徐海东首先谈了自己的想法：

"敌我力量悬殊，我们不能消极防御，也不能死打硬拼，我们的作战方针应当是：诱敌深入，先疲后打。

红色将帅十大大将★

具体地说，敌动我不动，部队进行动员，做好长途行军的准备，人人都备好草鞋、干粮。待敌人两路或三路接近时，我们向敌人空虚的地方突出去，把敌人甩在后头，拖着转圈子。陕南山大沟深，交通不便，便于我们隐蔽行动，不便敌人机动和补给。等敌人拖疲劳了，再寻机歼敌一部，就可以打破敌人的'围剿'。"会议一致同意徐海东的意见，并决定各地方武装就地坚持，发动群众坚壁清野，广泛开展游击战争；红25军主力则机动作战，并由徐海东负责具体作战指挥。

6月初，各路敌人越逼越近，徐海东想乘东北军刚刚入陕，人地生疏，决定红25军首先向北。红25军由郧西县二天门出发，直插商县地区，徐海东照旧率前卫团走在最前面。4日夜、5日晨，红25军在商县东南夜村、商洛镇附近，与东北军第67军第110师、第129师遭遇，经激战，毙伤敌团长以下200余人。

战后，红25军继续北上，插到敌第67军的背后，敌第67军不得不掉头北上。徐海东见东北军以密集队形追赶，无机可乘，再北上又于己不利，随即建议红25军掉头向东南疾进。在行进中，徐海东获悉，鄂豫陕三省边界要地荆紫关，是敌第44师后方临时补给站，只有两个连和一个民团守备。徐海东认为，这是个难

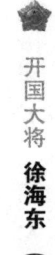

开国大将

徐海东

得的好战机，决定远程奔袭荆紫关，歼灭敌人，获取物资，吸引敌人南来。

6月15日晚，徐海东亲自率领一个团，装扮成敌第44师部队，急行军60多公里，于16日午前赶到荆紫关城下，敌警戒分队看到"自家"部队来了，立刻列队迎接。红军没费一枪一弹，将其缴械，并迅速攻取了荆紫关，歼敌200多人，活捉敌第44师军需处长，缴获了大批军用物资。红25军在荆紫关补充给养，进行休整。

红25军奔袭荆紫关，抄了敌人的后方，使敌人大吃一惊。已经北上的敌第67军第95师、第44师、警备第1旅等部，慌忙又掉头南下。徐海东得知敌人果真被"调"来，高兴得嘿嘿直笑。等敌人快要靠近时，红25军又神不知鬼不觉地跳出了合围，挥师西进，敌人又扑了空。

杨虎城得知红25军西进消息后，急令已开到荆紫关地区的各部立即掉头向西。敌人的部署全被打乱，完全处在消极被动状态，就像一头被牵着鼻子的老牛，一会儿被牵向北，一会儿被牵向南，一会儿被牵向西，被拖得疲惫不堪，士气低落，逃亡、生病的日渐增多，很多连队减员三分之一以上。

▲ 红 15 军团成立大会会场

　　7 月底，徐海东从一俘虏口中得知中央红军正向甘肃、青海挺进，徐海东立刻返回军部，向程子华、吴焕先报告审问敌俘虏的情况，提出："我们应该立即进入甘肃境内，积极作战，引敌北顾，牵制敌人，减轻中央红军正面压力，策应中央红军北上。"程子华、吴焕先十分赞成徐海东的建议。于是，红 25 军遂继续西进，进入甘肃境内。

　　几场游击战下来，红 25 军像一条游龙，在陇南、陇东穿来插去，逼得敌人不得不一再抽兵东挡西堵，南追北"剿"，打乱了敌人的部署，有力地牵制了敌人，有效地配合了中央红军北上的行动。

　　1935 年 8 月 21 日，政委吴焕先在四坡村的战斗中

开国大将 **徐海东**

不幸牺牲。痛失挚友的徐海东生平第一次在众多指战员面前痛哭，"英雄流血不流泪"。徐海东强忍悲痛，率领部队先西进后北上，与陕北红军会师。

1935 年 9 月 16 日，红 25 军终于同陕北红 26 军、红 27 军胜利会师。至此，红 25 军历时 10 个月，途经湖北、河南、陕西、甘肃 4 省，跋涉千山万水，历经千辛万苦，转战近万里，终于胜利结束长征。

迎接党中央

1935 年 9 月，徐海东率领红 25 军到达陕北苏区。没多久，当地的孩子们就编了一首新歌：

> 一杆杆红旗空中飘，
> 红二十五军上来了。
> 长枪短枪马拐拐枪，
> 对对喇叭对对号。
> 头号盒子坠着红绳绳，
> 军号吹得嘀嘀嗒。

徐海东率领的红军到达陕北后，和刘志丹率领的红军合编成红 15 军团。徐海东任军团长，程子华任政委，刘志丹任副军团长兼参谋长。此后，徐海东和刘志丹并肩作战，打了一个又一个胜仗。在劳山战斗中，歼灭了

开国大将 **徐海东**

敌人110师两个团，打死了敌师长何立中，俘虏敌军3700多人。接着，红军又攻克榆林桥，歼灭敌人1800多人。

胜利的捷报一个接一个，紧接着又传来了一个振奋人心的喜讯：党中央和毛主席率领的中央红军长征到了陕北吴起镇。徐海东得到这个喜讯，高兴万分。这天，他带领部队，正在张村驿一带打仗，突然，7匹快马飞奔到眼前，原来是通讯员从军团部驻地道佐铺送来了程子华政委写的信，信中说：

"今日下午，毛主席和中央红军的领导同志将来到军团部，望速回……"

徐海东看完了信，便叫小马官快拉马！

小马官早已把马喂饱，并备好马鞍，拴在屋外树下了，他一听军团长发话，就把马牵了过来。徐海东手提马鞭，跃身跨上马背，马鞭一扬，大红马一声长鸣，四蹄风生，飞奔起来。

徐海东最喜欢好兵、好马。他常说："战士要打仗不怕死的；马，要能上刀山下火海的。"每次打过胜仗，徐海东就从缴获的战马中，挑出一些好马补充到骑兵排。有人说：徐海东有一双慧眼，能识千里马，只要他看中的马，只有跑死才停蹄。

徐海东在大别山区骑过大红马、大黑马，在长征路上，他换了一匹大白马。警卫员开始不喜欢那白马，因为白马太显眼，战场上不便隐蔽，容易暴露目标。但徐海东却喜欢它，这匹马毛白蹄亮，跑得快，坚持要它。他说："不管白马黑马，跑得快的就是好马！"

一年多来，徐海东和红25军的同志们转战在河南、陕南和甘肃地区，像孩子找妈妈似的，到处打听党中央和中央红军在什么地方。当时，部队还没有电台，没法联络，他们只在《大公报》上看到过中央红军继续北上的消息。为了迎接党中央和中央红军，徐海东立下誓言：积极牵制敌人，保证中央红军和四方面军北上，就是我们这3000多人全部牺牲了，那也是光荣的！所以，徐海东带领部队积极作战，一直打到西安城附近。后来，又西进甘肃、北渡渭水，在西安至兰州的公路两侧转战了18天。

徐海东天天盼，夜夜想，终于盼来了党中央和毛主席，他心急火燎，一心想快点赶到驻地迎接党中央和毛主席。

马好像知道徐海东的心思，一会儿猛跑，一会儿小跑。三个多小时工夫，就跑了135里路，回到了军团部。

徐海东进村下了马，已是汗流浃背，湿透了衣衫，

开国大将
徐海东

他进屋里刚洗了把脸，毛泽东和彭德怀就到了。徐海东不认识毛泽东，也不认识彭德怀，经程子华介绍后，毛泽东握住徐海东的手，亲切地说：

"海东同志，你们辛苦了！"

徐海东紧紧握住毛泽东的手，连声说："还是您辛苦！"

毛泽东和中央红军的同志，历尽了千辛万苦，一年多的时间，他们跨越 11 个省，爬雪山、过草地，忍饥挨饿，冒暑熬寒，战胜敌人无数次围追堵截，走了二万五千里，好不容易，才征战到陕北。眼下已是初冬天气，毛泽东和彭德怀还穿着补丁加补丁的单军装。

徐海东早在大别山区的时候，就听说过井冈山那边有朱德和毛泽东。后来，江西成立了中华苏维埃共和国，毛泽东主席的名字更使他敬仰。在交谈中，徐海东才知道，朱德总司令还在长征路上。

毛泽东和彭德怀关心着当时的战局，他们取出军用地图，一边看，一边听徐海东汇报。汇报中，毛泽东和彭德怀称赞徐海东率领的红军作战好，纪律也好，徐海东向毛泽东说：

"我从小读书少，是个粗人。"

毛泽东笑着说："革命，不是绣花，粗人会打仗啊！"

彭德怀说："我们都是粗人嘛！"

毛泽东说话风趣，彭德怀笑声豪放，使徐海东感到亲切，这时，警卫人员端上饭来，大家边吃边聊。饭后，毛泽东和彭德怀起身要回中央驻地，徐海东也急着返回前线。

临行前，毛泽东说：

"海东同志，照你的部署，先把张村驿打下来，我们再考虑下一步行动。"

徐海东说："党中央来了，一切都好了，我这就回前方去。"

毛泽东问："你那边有电台吗？"

徐海东摇摇头说："没有，我们要有电台，早就和中央联系上了！"

毛泽东说："给你一部电台，我们好随时联络。"

徐海东说："我不会用啊！"

毛泽东和彭德怀听着都笑了。

毛泽东说："电台有报务员，他们会使用，不要你自己动手嘛。"

彭德怀两手比划着补充说："你只要一说，他们就把电报发出去了。"

开国大将
徐海东

徐海东高兴地嘿嘿笑了，这个窑匠出身的强人，打了这么多年仗，连部电台都没有。党中央一来，给配备电台了，徐海东决心回前方打个胜仗，就用这部电台给党中央发个捷报！

夜幕降临了，徐海东迎着凉风，骑上马往前方飞奔，他这时的心情，要比来时还急。他想快点回到部队，把见到毛主席和彭司令员的事告诉同志们。

奔驰中的马像一颗流星，穿过树林，飞上山冈，把警卫员和通讯员甩在后头了。

第二天拂晓，部队攻占了张村驿。战斗结束后，电台人员到达了指挥所，架起了天线，支起了马达，一切准备就绪，他们向徐海东请示："要发电报吗？"

徐海东问："你那玩意可好用？"

"好用，好用。"电台台长命令摇动马达，把耳机递给徐海东，要他亲自听听。

徐海东戴上耳机，听到嘀嘀嗒嗒的悦耳声音，感到新鲜，他不明白这玩意怎么会通话。

徐海东兴奋地笑着说："向中央发报：向毛主席、彭司令员报告，张村驿打下来了！"

报务员一阵嘀嘀嗒嗒的声音，发出了战报。

这是徐海东第一次发出电报！

借钱给毛主席

1935 年 11 月 3 日，中华苏维埃中央政府发布命令：任命徐海东为西北革命委员会委员、中国工农红军第一方面军第十五军团军团长。

为了从人员和物资上支援中央红军，红十五军团专门召开了干部会进行动员。徐海东首先发言，他说：我们盼望已久的中央工农红军来啦！两军胜利会师，将使陕北革命斗争出现一个新局面。中央红军军政素质好，战斗作风硬，多次打破国民党反动军队的围追堵截，粉碎了蒋介石的"剿共"阴谋，是一支英勇善战的部队。我们要向中央红军学习，搞好团结，不要闹宗派，搞山头。大家鼓掌支持他的看法。他问大家："我们用什么作为见面礼，表表我们红十五军团的心意？"没等大家回答，他又提高声音说："拿出实际行动来，节衣缩食，从人员上、物资上支援中央红军！"会场又热烈鼓掌。

开国大将 **徐海东**

其他首长也讲了话，到会的人进行了讨论，一致表示：给中央红军送礼物，是全军团的心愿。

徐海东宣布军团支援中央红军的人员和物资的决定：（一）每个连队抽出机枪3挺和一部分其他枪支、弹药；（二）经济部、卫生部抽出部分衣物、医药用品；（三）在榆林桥和劳山战役中入伍的全部解放战士。为了保证质量，做到三不送：不送缺损零件的枪支；不送变质药品；不送破脏衣服。军团部还成立了督促小组，检查各连队任务落实情况。每个连队都组织人员擦洗枪支，补洗衣服。保证每支枪不但完好无损，而且油光发亮，没有锈迹。许多人还把自己的羊皮袄拿出来，准备送给中央红军。新兵团的训练抓得很紧，教员们耐心地为他们上课，讲述抗日救国、收复失地、不当亡国奴的道理。解放战士也积极响应号召，为了争取早日到一军团当一名光荣的红军战士而努力学习，军事政治素质提高得很快。一切都准备齐后，将物资和人员转交给了中央红军。

这段时间内，红十五军团生活很苦，吃的是酸菜、山药蛋、小米稀粥。徐海东和其他军团领导人到大灶就餐，和战士吃一样的饭。

1935年冬天，中央红军翻过雪山，走出草地，到达了陕北，万里征途磨烂了红军战士们脚上的无数双草鞋和身上的衣衫。天寒地冻，他们还赤着脚，许多人生了冻疮，大部分人还穿着破破烂烂的单衣服。就连毛主席和彭司令员也不例外，他们和红军战士们同甘苦、共患难。

一天傍晚，徐海东刚从连队回到军团部，值班参谋向他报告说：

"来了一位中央红军的首长，等你好一会儿了。"

徐海东忙问："是哪位？"

"不认识，说是姓杨。"

徐海东问："有什么事吗？"

"没有，只说要见你。"

自从红15军团与中央红军会师之后，徐海东像游子见到了母亲，他对中央的首长、中央红军的领导特别亲，已经几次派人到中央红军参观、学习。今天听说中央红军的人来了，他急忙走进屋里。

一见面，徐海东立刻认出是中央红军的杨至成，他是红军的一位名将，参加过南昌起义和井冈山斗争。他负责红军的后勤工作，凡是吃、穿、用方面的事儿，都由他操办。

两人握手寒暄，坐到炕上，徐海东招呼站在屋外的

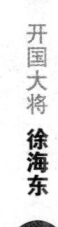

警卫员泡茶招待。

杨至成客气地说:"不用啦,我马上要回去的。"

他们谈了一会儿,杨至成从衣袋里掏出一张纸条,递到徐海东面前说:"我是为这事儿来的。"

徐海东一看纸条,是毛泽东签的名,上面写的是要向红15军团借2500元钱。

徐海东顿时红了脸,"唉,这怎么说呢!"

杨至成看看徐海东的脸色,说:"你们转战一年多,一定也是困难的,你不要为难……"

徐海东说:"你想到哪里去了,我们有钱……"他心想,我们早该想到中央的困难,主动送上一些钱去,可现在反倒由毛主席打条子来借钱,徐海东感到有点难为情了。

杨至成没等端来茶水就走了。徐海东送到窑上,转身回来时,见警卫员站在那里傻笑,便问:"笑啥?鬼东西!"警卫员说:"刚才客人来,你老叫'泡茶、泡茶'的。你不知道从陕南带来的那点茶叶,前几天就用完了!今天要不是那位首长走得急,真是端不上茶水来。""算了,想办法再买一点嘛。"徐海东说。"哪里买去,这穷窝窝,山上不长树,不种茶,不像我们的大别山,出产的东西多,有茶买。再说,经理部的'守财

奴'一个子儿也不肯给啊！'"行了，行了，像个老太婆，叨叨个没完。"徐海东说着挥挥手："去把经理部部长找来。"

徐海东坐在炕上沉思，中央机关若不是缺吃少穿，毛泽东绝不会写条子向下级借钱啊。他越想心里越不安，便走出窑洞，直奔经理部办公室，进门一看，有人在油灯下打算盘。徐海东问："还存着多少钱？"

那人头也不抬，没好气地说："干嘛？"等他打完算盘，抬头一看是徐军团长，赶忙站起来，把徐海东让到炕上。接着说："只剩下七千多块了！"徐海东高兴地说："嘀嘀，真是大财主呢！怪不得有人说，经理部是'守财奴'呢！"

那位干部红着脸说："首长啊！这点钱算什么哟！现在还有好些战士没有穿上棉衣，医院里还得买药为伤病员治病。要是能'打劫'几家大土豪就好喽！可惜这地方太穷了，恐怕连个小土豪也找不到哟！"

徐海东打断他的话说："不要叫穷，等查部长回来后，对他说，我要你们拿五千块钱，送给中央！"

那位干部看徐海东认真的样子，一下愣住了，他知道徐海东不是说着玩的。可这七千元钱，是经理部在长征路上一分一分节省下来的，虽然经常有人骂经理部是

开国大将 **徐海东**

"守财奴"，但是他们也只能硬着头皮听着，不该花的钱，他们就是一分都不花。查部长更是一个连铜板都要攥出汗来的人。现在可好了，军团长一开口，就要送出去五千块钱，这不是倾家荡产吗！真比割了身上的肉还痛。

于是那个干部算计着给徐海东听："今年冬天，药要买，棉衣要做，菜金要补……我们精打细算，还缺三五千元才能过冬呢。"徐海东耳里听着，心上明白，他说的话一点不错。可是，毛泽东来借钱，说明党中央、中央红军比我们更困难。徐海东暗下决心，就是我们不吃、不穿，挨冻受饿，也要支援中央啊！

夜深人静了，徐海东躺在炕上翻来覆去睡不着，这时经理部查国桢部长进了窑洞。他还不满 30 岁，看上去却像个上了一把年纪的人，上身穿一件打了补丁的棉袄，下身穿着十分宽大的单裤，脚上穿着用破布条打成的草鞋。

徐海东开门见山："我找你，是向你要钱啊！"查部长说："我听说了。"徐海东说："那好，把那七千块钱留下两千，拿五千块给中央。"又说："我知道你们思想不通，我和程政委、刘副军团长都说好了，明天就给中央送钱去。我再说一句，你们对中央不能做'守财奴'！"

　　查部长遇上难办的事情，总是默默地思考，这次，他坐在炕沿上，仍没有言语，他想，干后勤这一行，就是要会"理财"。他在工作的实践中感到，大手大脚不能"理财"，吃了今天不管明天，那是浪荡公子的思想。不过，该用的钱不用，抱着几个钱不放，那不就真成了钱的奴才！所以，别人说他是"守财奴"，他既高兴，又不高兴。眼下，部队伤病员过冬的经费正需大笔开支，可是中央红军困难更大，他们更需要钱啊，军团首长决定了的事，他当然不该反对，他是一个共产党员啊！

　　"怎么样，你这个'守财奴'，真的舍不得啊！"徐海东躺在被窝里半开玩笑地说。查部长委屈地说："首长啊，跟你这些年了，你还不了解我啊！我们在陕南的时候，天天想中央，盼中央。你经常说，哪怕我们三千多人都牺牲了，也要迎接中央的到来。现在要给中央送去几千块钱，这算得了什么！这次，我决不当'守财奴'，我这就去办！"

　　第二天，查部长派人把五千元送到中央红军后勤部。杨至成高兴地说："这下可救了急了！"革命队伍，是个大家庭。谁有困难，送点钱相助，本不算什么大

开国大将
徐海东

事。但在当时两路红军的钱财都很困难的情况下，能去帮助别人，却使许多同志感动至深。中央领导人毛泽东、张闻天、周恩来、彭德怀等人，都把这五千块钱看做是雪中送炭。毛泽东感叹道："徐海东是对革命有大功的人。"

中央红军到了甘泉的象鼻子湾一带，同红十五军团胜利会师。此时，国民党军又向红军发动了一次新的进攻：南面以第117师沿洛川、富县大道北进，西面敌以第57军4个师由甘肃的庆阳、合水沿葫芦河向陕北富县运动。为了粉碎敌人的进攻，中共中央决定会师陕北的各路红军，在直罗镇一带给敌以迎头痛击。17日一大早，徐海东带领红十五军团团以上干部，来到直罗镇西南一座山上观察地形。直罗镇是一个不到百户人家的小镇，三面环山，一条马路穿街心而过，镇东头有座古老的小庙，北面有条流速缓慢的小河。他与先行上山的彭德怀等红军领导人一起，边观察地形边研究，都说这一带地形很好，敌人进到直罗镇，真正钻进了"口袋"。为了防止敌人利用镇东头寨子作据点，按彭德怀指示，徐海东命令一个营连夜拆掉这个寨子，还留下一个排，在直罗镇担任警戒，主力集中在张村驿进入战前的准备工作。20日，国民党军第109师在6架飞机掩护下进入直罗镇。翌日晨，按照中革军委的部署，红军发起战斗。冲锋号一响，红一军团由北向南打，红十五军团由南向北打，冲杀拼刺之声震耳欲聋。敌人慌作一团，南边枪响向北窜，北边枪响向南跑，根本无力抵抗红军的强大攻势，中午时分即纷纷缴械投降，红军占领了敌师部所在地直罗镇。敌师长牛元峰逃到镇东头一个小寨里，一边负隅顽抗，一边给军长董英斌通电求援。他不知道董英斌派的106师在黑水寺一带被红军歼灭了一个团后溃退了。牛元峰待援无望，趁黑夜率残部突围西逃。红十五军团75师尾追不放，歼灭了这部分残敌，并俘虏了牛元峰。这一仗歼国民党军一个师又一个团，其中俘5300多人，打死打伤1000余人，缴获长短枪3500多支，轻机枪176挺，迫击炮8门，无线电台2架，子弹22万发；迫使第108师、第111师退回甘肃境内，第117师退出富县，彻底打乱了国民党军进攻陕北的部署，粉碎其"围剿"计划。

直罗镇战役后，11月30日，在富县东村举行了干部大会，毛泽东在会上作了《直罗镇战役同目前的形势与任务》的报告。他在讲到直罗镇战役胜利的意义和影响时指出："我们的胜利，告诉日本帝国主义，我们不许你这个日本帝国主义灭亡我们的华北和全中国；我们

开国大将 **徐海东**

的胜利也告诉国民党，我们不许你们卖国。"为党中央和红军在西北区扩大根据地，"推动全国抗战，举行了奠基礼"。1946 年 9 月，周恩来同美国记者李勃曼谈到红军与东北军建立联合战线的过程时，特别谈到徐海东及其红十五军团的功绩。他说：红军长征到陕北以后，东北军即开始围攻。徐海东部首先把东北军打垮了一个师、一个旅，后来又打垮一个师。于是东北军官兵不愿内战，要求抗日。中共在这种情况下，开始向东北军进行统一战线工作，双方取得默契，互不攻击，推动了西安事变的发生。

激战平型关

　　1937 年 8 月 25 日，中国工农红军改编为国民革命军第八路军。八路军下辖三个师：第 115 师师长林彪、副师长聂荣臻，第 120 师师长贺龙、副师长萧克，第 129 师师长刘伯承、副师长徐向前。徐海东任军团长的红 15 军团被改编为第 115 师第 344 旅，徐海东任旅长、黄克诚任副旅长，全旅 6000 余人。

　　直罗镇战役前，王明"左"倾错误在陕北根据地的执行者，把陕北红军的创建者刘志丹、习仲勋、汪锋等一大批坚持正确路线的红军领导人，打成"右派"、"反革命"、"第三党"'将刘志丹从前线调到后方，准备逮捕。逮捕刘志丹的命令是陕甘保卫局派人直接送给军团部程子华的，通讯员不认识程子华，中途误交给刘志丹本人，刘志丹看后，主动去保卫局就捕。在前方，随即将高岗、杨森、习仲勋、刘景范等陕甘苏区和原红 26

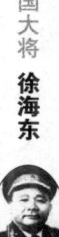

军的负责人抓了起来，有的被投入监狱，有的被杀害了，给陕北根据地造成严重的危机。中央红军长征到陕北后，徐海东还有其他人向中共中央、毛泽东反映了陕北肃反情况，盼望中央拯救刘志丹等同志。毛泽东等中央领导人立即表示：刀下留人，停止捕人，并请徐海东等放心，一定会正确处理好这个问题。随后，中央命令国家保卫局王首道、刘向三等到瓦窑堡接管陕甘边区保卫局，控制事态的发展。王首道、刘向三等根据毛泽东的指示，进行了深入细致的调查研究，弄清了事情的真相。12 月初，中共中央进驻瓦窑堡。毛泽东、周恩来听取了王首道、刘向三等汇报后，下令释放刘志丹等所有被捕的干部。中共中央撤销了戴季英等人的职务。

中共中央很快扭转了由"左"倾错误给陕北苏区造成的混乱局面。但是，原红 25 军一些领导人过去搞的肃反扩大化的错误还没有得到纠正。一天，徐海东找到毛泽东说："我们部队还有 300 多'反革命嫌疑犯'，他们的问题应该解决了。"接着，他把鄂豫皖苏区肃反扩大化情况，扼要地作了汇报。毛泽东问：他们是些什么问题？徐海东说："有的是说了几句怪话，被扣上'第三党'；有的是丢了枪上的一个零件，被当成反革命嫌疑犯；有的是无根据地被指控为'AB 团'成员；也有的

![图片]

▲ 1937 年，徐海东等在延安。左起：王宏坤、郑位三、徐海东、倪志亮

说是历史上有问题，但找不到证明人。从鄂豫皖到陕北，一路上，他们被剥夺了拿枪的资格，每天抬伤员，挑子弹箱，背东西，处处受人监督，不能随便说话。我总觉得他们不像反革命。"毛泽东思考了一会儿指示说："要立刻给他们摘掉帽子，党员恢复党籍，团员恢复团籍。""这些同志都跟着长征一路，吃了许多苦头，为什么还当反革命？"毛泽东要求徐海东亲自去做解释工作并安慰受害者。徐海东回到部队，找来这些所谓的"反革命嫌疑犯"，宣布了中共中央和毛泽东的决定。顿时，这 300 多人掉泪了，徐海东也痛心地流了泪。

直罗镇战役后，国民党军暂时停止了对陕北苏区的进攻。但陕北地区土地贫瘠，出产不丰，人口有限，要养活这么多的红军部队困难很大。因此，根据地的发展方向问题，必须立即解决。由这里向北，是浩瀚的毛乌素沙漠；向西，是人烟稀少的回民聚居区；向南，是以西安为中心的关中平原，地域虽好，却是国民党统治西北的大本营，有重兵驻守，打不出去，即使打下西安，也难守住；只有向东进攻，打到山西，才能大发展。1936年1月31日，中央军委在延长开会，研究战略方针，徐海东等军团领导人参加了会议。毛泽东在会上反复说明必须东征的原因：通过东征能建立起一块根据地，与陕北根据地相连接；在山西"筹款"、"扩红"，以解决陕北"太穷"的问题。他还说：现在阎锡山与日寇勾勾搭搭，我军东征讨日，师出有名，无论从政治上、军事上讲，都对我有利。徐海东完全赞同毛泽东的东征讨日方针。返回部队后，他迅速召开了军团军事会议，传达毛泽东等领导人的讲话精神，布置所属各部队的战斗任务。会后，他又领导全军团开始了东征作战的动员、训练和强渡黄河的各项准备工作。

　　长期以来，徐海东养成了一种习惯，每次战役或战斗之前，总要反复思考和做好三方面的事情。一是敌方的情况，包括敌军的数量、装备、战斗力、驻守或运动的方位，甚至一些将领的特点，也要摸得很透。他手下有一支侦察部队，是红军的千里眼、顺风耳，是红军打胜仗的重要条件。二是我方的情况，包括哪个部队能打什么仗，干部的战斗作风和特长，战士的情绪和想法，后勤供应能否得到保证，都了解得很准确。三是地形和民情，通过亲自观察和调查，对战场周围的高山、平原、河谷、制高点、封锁线，以及地方党、游击队和民情风俗，都要详细掌握。由于徐海东注重调查研究，分析判断比较符合实际，从而能及时地把握战机，克敌制胜，并能在上一个战役或战斗结束之后，很快提出下一个战役或战斗的作战方案，做到步步主动。当然，由于敌情突然变化等因素，徐海东也打过败仗。但即使在这种情况下，他也能最快地掌握变化了的新情况，及时修改作战方案，使红军转败为胜，或将失败的损失减到最小程度。

东渡黄河作战，对徐海东来说是个新课题。黄河天险怎么渡？他心里很不踏实。军团干部会议开过后，徐海东带领一些干部，骑马来到黄河岸边的沟口和沙口一线，进行调查研究。他一边察看地形，一边找老羊倌、老船工和去过河东的人谈话，一连忙碌了 5 个昼夜，直

开国大将 **徐海东**

到把行进的道路、渡河地点和河东岸敌军的兵力部署、工事构筑都调查清楚之后才返回军团部。

1936年2月中旬，中革军委在延长古峪村召开团以上干部动员大会。毛泽东在会上讲了话，再次阐明了渡河东征的意义：一、到外线打击卖国贼阎锡山，迫使其撤退在陕北的4个旅的兵力，借以粉碎敌人对陕甘边区新的"围剿"；二、配合北平一二九学生抗日爱国运动和全国反内战运动，促进抗日民族统一战线早日实现；三、扩大自己的力量，发动群众，扩大红军和根据地。中共中央决定由红一军团和红十五军团组成中国工农红军抗日先锋军，在毛泽东、彭德怀的统率下，渡河东征。

2月20日，红一军团由林彪、聂荣臻率领从沟口渡河；红十五军团由徐海东、程子华率领从舍峪里渡河。两个军团过河后，同阎锡山的3个师、1个炮兵旅共14个团的优势兵力打了一仗，歼敌约2个团。随后，根据毛泽东兵分两路、"各撒一网"的指示，徐海东率红十五军团经临汾、文水东进，前锋进占离太原只有五六里路的晋祠。沿途发动群众，宣传群众，扩大红军，筹款，征集物资，为抗日战争做准备。

红军进抵太原附近，威胁到阎锡山的老巢，迫使阎锡山急令调回驻陕北绥德、米脂的两个师，使无定河中下游两岸苏区联成一片。

3月下旬，抗日先锋军总部决定，兵分3路，红十五军团为左路军，北进至岢岚、岚县一带；红28军和红30军为中路军，在石楼、午城等地活动；一军团为右路军，直插汾河流域。此时，阎锡山急调主力部队15个团向红十五军团猛扑过来。徐海东采用他的拿手好戏"先拖后打"的战术，率红十五军团北上，拖着敌人十几个团从晋中走到晋西北。在白文镇，会合了刘志丹率领的红28军，把尾追的敌两个步兵团和两个炮兵连消灭。4月中旬，蒋介石派出10个师和阎锡山的5个师另2个旅，向红军压来；黄河以西陕西境内的东北军；西北军，在蒋介石的驱使下，也企图沿河北上，卡住黄河渡口，消灭红军于隰县、石楼一带。根据中共中央提出的"停止内战，一致抗日"的主张，中央军委立即决定，抗日先锋军西渡黄河，回师陕北。

在回师的路上，由于刚下过雨，道路泥泞，黄河渡口渡船太慢。徐海东有些发急，骑马飞奔渡口查看。快到渡口附近，突然一个战士从队列中闪出。徐海东怕战马冲倒战士，急忙两手勒缰，结果马头猛一甩，他从马背上跌落下来，摔在一块石头上，头碰得皮破血流，两

颗门牙也跌掉了，在担架上睡了 3 天 3 夜才醒过来。周东屏埋怨那个战士不该出列，一位跟随徐海东多年的马夫也嘟嘟囔囔要给那个战士处分。徐海东批评他们说，没有把人踩死，还要处分人，哪有这个道理！不久，召开东征战役总结大会，毛泽东在讲话时还风趣地说：我们东征取得了很大胜利……只是徐海东丢掉了两颗门牙，找不回来了！说得全场干部大笑不止。

5 月 18 日，中革军委决定：以红一军团、红十五军团、第 81 师、骑兵团组成西路野战军，彭德怀任司令员兼政治委员，分左右两路军西征。19 日，徐海东、程子华率红十五军团从延川王家坪出发，经安塞、靖边，于 28 日进驻长城脚下的宁条梁。围攻小桥畔时，经过谈判，敌人开寨迎接红军。此后，红十五军团分两路西进：78 师攻克定边，歼敌马鸿逵一个骑兵连及保安团全部，俘敌 350 余人，缴获战马 180 余匹；第 73 师、第 75 师在徐海东指挥下，于 6 月底进攻豫旺县城。豫旺是一个古老的回民城市，城外有个大的清真寺，市民约有四五百户，城墙用砖石砌成，颇为雄伟。为了保护这座城市和回民的生命财产，徐海东要求以小的代价，消灭守城敌军。围城到第 10 天晚上，红军一个连爬城进去歼灭马鸿逵骑兵旅一个营及民团一部，缴获战马 600 余匹，红军只牺牲 1 人，伤 7 人。战斗结束后，有几百名俘虏兵要求参加红军，使军团骑兵连扩充为骑兵团。接着，第 73 师攻占同心城，并与第 75 师协同作战，攻下韦州。7 月上旬，徐海东率领第 73、第 75 两师转战到海原东、灵武南的金鸡一带宣传发动群众，开辟新的根据地。7 月底至 8 月初，根据徐海东的命令，全军团各师先后集中到豫旺地区，进行整训。

8 月的一天早上，美国著名记者埃德加·斯诺来到彭德怀的司令部，碰到正在那里开会的徐海东，引起了他的注意。斯诺在他的文章中写道："彭德怀看见我瞧着他，便开玩笑说：'那边这个人是著名的赤匪。你认出来了吗？'新来的那个人马上面露笑容，脸涨得通红……"彭德怀决定让斯诺到红十五军团去，徐海东说："你把个外国人介绍给我，我拿他怎么办？"彭德怀告诉他，斯诺对我们是友好的，对这位记者可以说实话，可以请他在部队参观访问。徐海东这才心底踏实了，向斯诺表示：欢迎到我们那里参观，什么时候来，告诉一声，我就派人来接你。

8 月 26 日，徐海东派一个排接斯诺到红十五军团部驻地豫旺县城，陪同前去的还有黄华、马海德等人。那天，城墙上写上了"欢迎美国进步记者斯诺等来苏区

开国大将 徐海东

调查"的标语，红军列队欢迎，徐海东在一座最高炮楼门口（斯诺的住处）迎候他。

斯诺在豫旺城住了5天，有时从早上谈到下午5点以后，有3天每天下午和晚上谈几个钟头。斯诺向徐海东和他部下，了解了他个人的历史、他的军队、前鄂豫皖苏区的斗争，目前在西北的情况等等。在斯诺眼里，徐海东是一个"神秘的人"、"阶级意识最强的人"。他写道："徐是一位惯于戎马生活的老练战士，他身上先后负伤八次，但是和彭德怀一样神采奕奕，他俩有超人的魅力……真诚，彬彬有礼，而又仪态大方。他身材瘦长，黝黑而又结实，威力胜人，好骑射，枪法极准确，经常以此示人。"

斯诺很敬佩徐海东的卓越的组织能力。他在采访日记中写道："昨天，我们到基层单位（团部）采访，看见他们绝大多数战士还作长期的扎营打算。但今天一清早，各种各样的东西——地图、书籍、工具、口粮、军火弹药和武器都统一地装上骡马背上去了，比之我们还来得要快呢。在军队开拔前的一个晚上，徐海东陪同我们在一起，你想不到他把8000多人开拔出去同叫一个人出外散步一样地容易。"

8月31日，徐海东率领部队出发向南走，斯诺则

红色将帅
十
大
大
将
★

要继续向西去。徐海东拉着斯诺的手步行一里多路，边走边谈。徐海东请斯诺给他们的工作提意见，感谢这位来自大洋彼岸的客人看望他的部队并将他的部队的活动情况向全世界报道，邀请他再来访问。到了一个分手的三岔路口，徐海东从衣袋里掏出一只黑色玉雕的鼻烟壶赠送给斯诺，并说："请收下作个纪念吧！这是我和我们红十五军团送的，以志不忘。这件东西以前是蒙古皇子的，拿去吧，祝一路平安。"

9月初，徐海东率部集中行动，先西行后南下，向兰新公路挺进，迎接红二、红四方面军。9月下旬，红二、红四方面军出腊子口向陕北开来。9月底，红十五军团第73师与红四方面军第30军在会宁西南会合。不久，军团主力与红四方面军总部在打拉池会合。一天。徐海东去看望朱德，张国焘也在座。徐海东紧紧握住朱德的手说："总司令，你指挥打仗的办法，程子华早就给我讲过。"朱德说："你的名声我早就知道，很会打仗呀！"徐海东说："我是个粗人，窑工，不是参加革命，现在还当窑工！"张国焘插话说："他很会打仗，在鄂豫皖，他是有名的徐老虎！"徐海东向张国焘叙述了红25军长征、肃反扩大化，以及中央纠正肃反扩大化错误的历史过程，正告他中央执行的路线，才是真正的马

开国大将

徐海东

克思主义路线。

10月9日，红一方面军与红四方面军先头部队在会宁会师，10月22日，红二方面军在静宁以北的将台堡与红一方面军会师，在打拉池举行了庆祝会师大会。这时，国民党5个军分四路向红军追剿过来。徐海东奉命率领红十五军团掩护红一、红二、红四方面军东进陕甘苏区，3天中在15里之内连续转战，阻击了胡宗南部等8个师和一个骑兵旅的进攻，杀伤了大批敌人，后转移到同心城、王家团寨休整。

11月21日，为了打击胡宗南部，壮大红军声威，军委命令徐海东指挥红十五军团配合红一军团，会攻山城堡。国民党军第78师由山城堡向东攻击，进入伏击圈，红军首先截断敌人西逃的退路，然后按作战部署，红十五军团由东北往西南打，红一军团从西南朝北打，以猛烈炮火夹击敌军，经一昼夜激战，全歼胡宗南主力第78师、第232旅全部及第234旅两个团，打死敌旅长等高级军官多人，仅红十五军团就俘敌3000余人，取得了西征以来最大的一次胜利，迫使敌主力停止了对红军的进攻。

12月7日，徐海东被任命为中央革命军事委员会委员。

1936 年 12 月 12 日，爆发了震惊中外的西安事变。应张学良、杨虎城急电邀请，中国共产党派出周恩来、秦邦宪（博古）等组成的代表团于 17 日到达西安。国民党亲日派紧急调兵威逼西安，军情紧迫，人心慌恐。张学良、杨虎城见到中共代表团第一个要求就是派徐海东率领红军主力开到西安地区，协助他们抗击何应钦向潼关的进犯。周恩来将张杨二将军的要求转告中共中央，经中央同意，立即命令徐海东火速率部前往西安东南商州一带布防。

12 月中旬，徐海东率领红十五军团离开宁夏海原，日夜不停地向西安地区开来。途经东北军、西北军防地时，徐海东对王首道说："做统战工作要依靠你老兄和李克农同志，你们是我的高级参谋。"红十五军团由于坚决执行了党的抗日民族统一战线政策，一路上得到了东北军、西北军热情的接待。1937 年 1 月上旬，徐海东率领部队进至咸阳，被任命为南路总指挥。杨虎城得知红军到了咸阳，当即委派咸阳县县长偕夫人出城迎接、慰问。这位县太爷和夫人在红军行进的路旁，不住地向红军战士打听："徐将军在哪里？程将军在哪里？"

红军战士回答他："我们红军中没有徐将军，有个徐军团长和程政委！"

开国大将 **徐海东**

"对，对，就是徐军团长、程政委！"那位县长连忙更正说。

"他们呀，行军从来都走在前头。"红军战士说。

咸阳县县长等了多半天，不见红军领导人。晚上，他不知从哪里要通了徐海东指挥部的电话，第一句话就是："报告红军总指挥，我立正向你敬礼！"

徐海东有点莫名其妙，也许是军人的习惯，他听到咸阳县县长在电话里向他说立正，便随口说了一声："请稍息！"说完，自己也暗笑起来。

那位咸阳县县长在电话中好说歹说，要偕夫人登门拜访。徐海东讨厌这种毫无价值的客套，一口谢绝了。

第二天，部队进到西安附近，杨虎城将军亲自带着警备旅旅长从西安迎出来。正在西安参加谈判的周恩来也来了。

杨虎城向徐海东客套了几句，叹了口气说："唉，要知今日三位一体抗日，你不把我的主力消灭该多好啊！"

徐海东微笑着点了点头，觉得这倒是杨虎城的真心话，但心里却说："我不消灭你的主力，还会有今天！"

杨虎城又说："国难当头，我们要携手抗日！"

徐海东还没开口。这时，周恩来说："中国有一句话，叫做'不打不相识'！"这才打破了尴尬的局面。周恩来对徐海东等说：谈判已达成协议，张学良未同我们商量，亲自送蒋介石到南京去了。现在东北军、西北军内部很混乱，你们要立即开往商州，坚决阻止向西安推进的国民党军，为东北军、西北军撑腰。杨虎城还把他的警卫旅临时拨给徐海东指挥，同时划归徐海东指挥的还有东北军一个师、陕南红74师和抗日第一军。

　　杨虎城为表示对红军的敬意，送给南路指挥部一辆吉普车，并把他的警备旅长介绍给徐海东和程子华。那位在陕南险些被红军捉住的旅长，给红军送了100箱子弹，还一再声明说：只要红军能支持我们，要兵出兵，要子弹给子弹。此时，蒋介石已调遣几十个师分5路重新进逼西安，卫立煌指挥国民党军第5集团军4个师向商洛开来。徐海东命令红军指战员跑步前进，于1月15日抵达商州，抢占了城北面的一座大山，控制了商州城，并构筑工事，严阵以待。敌人一小时后也赶到了，当得知红军已到此地，便连夜后撤40里。在商州一线占领了有利阵地的红军，日夜准备应战。可接连13天，国民党亲日派军队也没敢前进一步。

　　在这13个日日夜夜里，徐海东没脱过衣服睡觉。

白天，他在前沿阵地察看，夜晚累了，就裹着大衣眯一会儿。他长时间习惯了游击战、速决战，像这样和敌人对峙的阵地设防还是头一次。

他正焦急难耐，译电员送来了急电，是周恩来副主席从西安直接发出的。电报说，西安事变已和平解决，"我南路红军三天之内要全部撤过渭水"。

根据中共中央指示，徐海东率部按时撤过渭水，进至礼泉、乾县地区。3月初，经彬县、长武返回甘肃的西峰镇、驿马关地区整训。

9月23日，林彪、聂荣臻、徐海东等第115师旅以上干部，手举望远镜，站在平型关东北的高地上，仔细地观察着平型关一带的地形。平型关是日军三路进攻太原的中路必经之地，日军板垣师团的前锋第21旅团正向平型关方向而来。

"日军是机械化部队，利于平原作战，游击战是我军的拿手好戏。"林彪若有所思地说："这个地方很好！""是呀！山地连绵、日军机械化运动不便，便于我军隐蔽机动和部署伏击，"徐海东接过话头说，"给敌以歼灭性打击，这是个好战场。""日军板垣师团第21旅团后天就能到达这里，我们要马上作出决定，是打？还是不打？"聂荣臻说。"打！根据总部指示打伏击战！"林彪简捷而果断地答道。

经过充分讨论，战斗部署是：343 旅两个团为主攻，徐海东指挥 344 旅负责助攻和阻援，一个团负责断敌后路，另一个团作师的预备队。攻击部队全部在平型关东北山地设伏，同时，派出独立团，骑兵营向灵丘方向活动，牵制日军，保证主力侧翼安全。这个安排对一向善于打硬仗，常当排头兵的徐海东来说，有点不遂心愿，但他还是坚决执行命令，保证完成任务。他回到部队立即传达部署，对部下说："这一仗一定要打好，和友军比比看。"

敌军 21 旅团占领东跑池地区后，又向平型关附近进军，其后继部队亦有向平型关前进的迹象。

24 日晚，师部下达了出发的命令，各攻击部队向设伏的阵地前进。天公不作美，大雨如注，狂风不止，水深过膝，加上天黑路滑，行动十分困难。经过大半宿的艰难行军，终于在 25 日拂晓前到达指定阵地，做好了各项战斗难备。

6 时半，徐海东从望远镜里发现：前方先是出现一个小红点，慢慢地向前移动，还能听得见轰隆隆的马达响声，他判断这就是日军板垣师团第 21 旅团的辎重队和其他部队。小红点越来越近，用肉眼也能看得清

开国大将

徐海东

清楚楚。为首的高举着一面太阳旗，接着是三路纵队的日军，往后是载着日本兵和军用物资的 100 多辆汽车，200 多辆骡马大车拉着九二式步兵炮、炮弹和给养紧跟其后，压阵的是骑着大洋马的骑兵。日本兵脚蹬皮鞋、头戴钢盔，浩浩荡荡地走过来。

"老军长！打吧！再过一会儿，敌人就从我阵地溜走了！"小号兵有点着急了。"不要叫我军长，我现在是旅长！我们担负着断敌后路的任务，敌人刚一露头就打，不成了断敌人的前路了吗？"徐海东说着，要求报务员向师部汇报敌情。

各伏击部队的报告同时汇集到师指挥所：敌军已经全部进入伏击圈。徐海东的报告中附着"十里长沟，我们只有三个团，必须把敌军切成几段，分段吃掉"的建议。"'徐老虎'真厉害，比我想的还高！"林彪长瘦脸上露出了佩服的笑容。

7 时整，战斗打响。顿时，满怀深仇大恨的枪弹和迫击炮弹呼啸着飞向敌群，手榴弹雨点般地飞进深沟。炸得日本兵鬼哭狼嚎、血肉横飞，敌指挥系统被打乱了。

徐海东待到时机成熟后，率领 687 团呐喊着向敌人扑去，同敌人展开白刃肉搏战。该团的主要敌人是骑兵

和溃逃过来的步兵。对付骑兵，徐海东有丰富的战斗经验：以静制动，打马乱敌。用机枪猛扫敌战马，马受伤一惊，就没有目的地乱跑；有的马倒下，绊倒后边的马，真是人仰马翻。战马一批一批地倒下，骑兵失去优势，只好短兵相接，战斗异常惨烈。有武士道精神的日军，在失去指挥并被隔开来的情况下，仍利用汽车、炮架等一切障碍物拼死顽抗，八路军官兵则以更加猛烈的攻势攻击顽固到极点的敌人。枪托飞舞、马刀闪光，战士们甚至与敌人扭打在一起，互相用牙咬，用拳打，不少官兵献出了宝贵的生命；八路军战士的刺刀穿透敌人的心脏。有两个战士，夺过敌人的战马，端着机枪在敌人骑兵大队里猛烈扫射，最后壮烈牺牲。

经过一番激战，老爷庙制高点等有利地形全被我军占领，敌人突围企图被粉碎。到中午，被堵截在十里长沟里的千余名日军全部被歼，缴获敌人步枪1000余支，机枪十多挺，击毁汽车100多辆，马车200多辆。板垣师团的增援部队被阻击于灵丘以北和以东地区，被击毙300多人后，被迫撤退。由于国民党军未按预定作战计划出击，使部分日军由团城口突围。

平型关战役，是全国抗战以来中国军队取得的第一次大胜利。平型关大捷后，八路军威名远扬，林彪也

开国大将 徐海东

名声大振，尽管徐海东指挥助攻打得很漂亮，但宣传的专注点并没有对准他，对此，徐海东没有半句怨言，随后的几十年中，他也是沉默地对待昔日的辉煌，很少提及。

当 115 师主力撤出平型关战场后，担负平型关守备任务的国民党军队也匆匆撤离，结果把平型关丢了。但是，徐海东率领的 344 旅没有离去，仍在平型关一带与敌周旋，并取得了二打平型关的胜利。

当时，天气渐冷，部队后勤供应不上，战士们没有冬装，行军打仗困难很大，而日军在大营驻扎了一个大队，并派出一部分兵力控制着平型关口。日军一个后勤供给分队在灵丘，由其向前方输送军用物资。掌握这一情况后，10 月 13 日，徐海东亲自率领 687 团 1 营和特务营消灭了公路边上的小寨村守敌。八路军的突然出现，使日军手忙脚乱，接连两天不敢出来，687 团乘机破坏了公路，切断了日军的供给线。

10 月 15 日，日军调集重兵，沿公路袭来，企图打通供给线。徐海东指挥部队占领了小寨村公路两侧高地，与敌激战了一天，日军伤亡惨重，不得不缩回灵丘城。于是 687 团乘胜前进，进逼平型关旧城，与守敌激战。7 连迅速占领了山头的有利地形，向敌开火。2 营主力及时赶到，占领了后面的山头，以火力支持 7 连。

在平型关东面城墙上，有许多国民党军队撤退时丢下的地雷，平时摆在阵地上，用时一拉导火索，用脚一踢就向山下滚去，往往滚到半山腰就爆炸了。687 团 3 营及其他分队就乘机点燃了这些滚雷，一个个推下山去，爆炸声接连响起。与 2 营激战的日军听到这声音，以为八路军开了大炮，惊慌不已，与据守平型关的守敌一起狼狈而逃了。

就这样，在徐海东的指挥下，我军迅速占领了平型关。这次战斗被毛泽东称之为"二次收复平型关"，写进文章里，收入了《毛泽东选集》。

日军这时才真正领教了"徐老虎"的厉害，狂傲的侵略者被徐海东的部队搞得晕头转向。

平型关战斗结束后，徐海东率领部队跟随朱德、彭德怀破坏敌人从灵丘到团城口、大营的交通线，在沙河伏击从代县出来增援繁峙的敌人，破坏从张家口到代县的交通。

这时，日军在团城口和大营集中 500 余步兵、6 门大炮向八路军进攻，企图恢复交通，被徐海东指挥的第 687 团全部击溃。这一战毙敌百余人，缴获步枪 24 支，单筒炮两门。为了彻底破坏敌人交通线，徐海东接着以

开国大将 **徐海东**

一部向灵丘进攻，日军被迫退出县城，向广灵后退。他又率部包围大营，进占繁峙。日军得信后，立刻由代县派出 56 辆载重汽车，满载步兵，前来增援。在经过繁峙与大营之间时，被早已埋伏在沙河的部队打了伏击。这一仗毙日军 200 多人，毁敌载重汽车 20 辆，缴获步枪 11 支。还抢到日军的罐头食品数百箱。连着几天，战士们饭都不想吃，专吃牛肉罐头。克复灵丘、大营之后，徐海东奉命破坏了张家口到代县的交通。一部乘敌势虚，配合独立团袭占广灵，另一部占领浑源。浑源敌人退至大同。大同之敌曾一度企图恢复浑源，集中 400 步兵、几门大炮，配合 200 骑兵反攻，激战 4 小时，日军被击溃，又退回大同。浑源战后，徐海东部奉命向南移动，在崞县商庄和日军激战，打死 170 多人，在代县河东中街口又打死 200 多人，缴获二三十支步枪。11 月 8 日太原失守后，徐海东奉命率第 344 旅集结五台山区作短期休整。12 月中旬，徐海东又率部奉令向河北平山一带出动，配合晋察冀军区军民反击日军的围攻。到河北后，破坏了从井陉到获鹿之间的大铁桥，两度袭击井陉煤矿的车站，毙日军 300 多人。敌人感觉到重大的威胁，便从石家庄、获鹿和井陉分派 800 余步兵，6 门大炮，向小寨、方山进攻。这次进攻日军不但没有达到目的，反而损失 200 多人，阵亡了一个大队长，丢了好几条步枪。此后日军在井陉、获鹿、石家庄和平山一带集中 2000 余人，分两路向洪子店进攻。一路由平山，另一路由井陉、方山、南北马庄前进。徐海东令一部在温塘附近埋伏，给从方山前进的日军一个突然袭击，打死 300 多人，另一路敌赶至时我部已撤出战斗。此时在盂县以北，我部又击退进攻苌池、上社日军，进驻中村镇。盂县日军感受到很大威胁，就集中寿阳、平定、盂县部队两路向牛村进攻。一部由盂县出动，约 600 余人；一路由河底出发，约三四百人。河底之日军被伏击，死亡 200 余人，因另一路日军赶到，才没有被完全消灭。

1938 年 2 月，徐海东奉命率第 344 旅转移到正太路沿线活动，暂归第 129 师指挥，担任正太线平定以东、井陉以西的破袭战任务。他开始指挥部队袭击南峪、北峪。北峪日军几乎全部被歼；南峪日军呼救，石家庄之敌派 300 人增援，在火车上遭八路军袭击，伤亡过半，余敌退入碉堡。日军又从娘子关派 300 人增援，半路又被八路军击退。最后，日军从石家庄派出 1000 余人，并随带数门大炮，八路军闻讯，遂乘黑夜撤出战斗。不久，石家庄日军向余桥岭发起进攻，遭八路

军伏击，伤百余人。3月，徐海东奉命率全旅南下晋东南，进入太岳山区。4月初，日军调集3万余人对晋东南抗日根据地发起九路围攻，徐海东率第344旅参加了反围攻作战。4月16日，所部第689团参加武乡长乐村围攻日军战斗，与第722团等部一起歼日军2200余人。27日，徐海东奉命指挥第687团、第688团与山西新军第一纵队一起，在张店、张度岭截击日军，歼灭1000余人。至此日军九路围攻被八路军彻底粉碎。4月底，徐海东率部进占长治，追歼南逃敌人，随后收复黎城、潞城。

6月，日军企图打通山西晋城至侯马的公路。6日10时，日军第108师团一个联队由晋城开来，进至阳城以北的町店地区休息。徐海东指挥344旅两个团，利用地形，隐蔽接敌，突然发起猛攻。激战至深夜，毙伤日军500余人，并击退从阳城增援之敌，取得了一次重大胜利，配合了国民党军在侯马地区的作战。半年多来，徐海东率部从山西打到河北，日夜转战，驰骋数千里。

在他的带领下，部队冒着严寒，踏着冰雪作战，从平型关打到雁北、繁峙、代县，又从崞县打到盂县。半年多，边打边走，跨地几千里。

红色将帅 十 大 大 将 ★

可惜的是，徐海东的指挥天才未能在抗日战场上得到进一步发挥，他的身体因多次负伤而日益衰弱，又因劳累过度而多次吐血，九次生命垂危，在中央多次电令下，徐海东只得怀着难舍难分的心情离开了心爱的部队。疆场难离啊，徐海东走后，344旅改编为八路军第2纵队，司令员是左权。后来，这支部队挺进苏皖，成为扬威江淮的新四军第3师。

担架上的英雄指挥员

　　平型关大捷后，徐海东率部随朱德、彭德怀直接指挥的部分部队一同作战，破坏日军从灵丘到团城口、从张家口到代县的交通线，在沙河一带伏击日军，搞得日军交通瘫痪、行动受阻、疲于奔命。11月，太原失陷后，徐海东奉命率部向河北进发，深入华北平原开展游击战争。他坚决执行毛泽东的战略方针，贯彻独立自主、自力更生的原则。在一位前线记者笔下，徐海东是使"敌伪军丧胆的虎将"，是"一个奇异的人"。记者在前线访问徐海东，问他坚持抗战武器装备和给养从哪里来，他说："我们的兵工厂在东京"，"我们的粮店也在东京"。

　　1938年2月底，徐海东率部转战山西，在第129师师长刘伯承、副师长徐向前的指挥下，参加抗击日军向晋东南发起的"九路围攻"。3月，徐海东指挥部队袭击南峪、北峪并拦截日军火车，伏击从石家庄、娘子关增援的日军，打得敌人狼狈不堪，死伤惨重，迫使日军发动的"九路围攻"破产。4月，他率部攻占长治，继后又收复黎城、潞城。6月，又指挥第344旅两个团，在阳城以北的町店地区与敌激战，杀伤敌军数百人，迫使日军暂时放弃了打通山西晋城至侯马公路的企图。

半年中，徐海东率部转战数千里，从山西打至河北，大小战斗几十次。他由于疲劳过度，旧病突发，多次吐血，1938年8月奉命回延安养病。两个月后，身体稍有好转，即进入了延安马列主义学院学习。他十分珍惜这次学习机会，刻苦研读马列主义基本理论，学习中国近代史、中共党史，听毛泽东等中央领导人讲课。这是他参加革命以来头一次入学，深深受益。他在《生平自述》中说，经过在马列学院10个月的学习，"对中国革命战争的特点，党史、政治经济学等问题的理解，有了进一步提高。特别是毛主席的《论持久战》以及当时的许多重要谈话，对自己教育更深。"

1939年9月15日，徐海东和40多位干部一起，随刘少奇离开延安，经西安、洛阳等地，于50多天后到达华中新四军江北指挥部，徐海东被任命为新四军江北指挥部副指挥兼第4支队司令员、中共中原局（后改

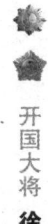

开国大将
徐海东

▲ 1938 年，徐海东（左四）在延安马列学院学习期间，同朱德等在一起。左起：萧克、郭述申、滕代远、徐海东、朱德、柯庆施、王首道、张文彬（张纯清）

为华中局）委员。在这期间他再次发病，吐血昏倒，但仍坚持走到目的地，而后又不顾疲劳和身体虚弱，整顿建设第 4 支队，开展群众工作。

12 月 21 至 24 日，徐海东在周家岗指挥反"扫荡"战斗，打垮日军 2000 余人的四路合击，毙伤俘敌 160 余人，并活捉一名日军分队长。这次战斗的胜利，极大地鼓舞了华中军民抗战必胜的信心，新四军军部特地举行了庆祝大会。徐海东带兵打仗，总是希望"打一仗，进一步"。他及时总结经验，认为战术上我军还有缺点，特别是消耗子弹太多，平均是 80 发子弹打倒一个敌人，这对缺少武器弹药的新四军来说，是一个值得注意的大问题。他抱病与干部战士交谈，实事求是地总结周家岗作战的经验教训。

1940 年 1 月 28 日，在第 4 支队营以上干部总结大会上，徐海东作总结报告。他的话还没讲完，又突然病倒在会场上。以后，他与"担架做伴"，转战于华中战场。

抗战局面越来越严峻，日、伪、顽几面夹击新四军。1940 年 3 月，国民党顽固派李品仙、韩德勤部向新四军进攻；地方反动武装与日伪军也频繁出动。刘少奇和江北指挥部副指挥张云逸等，率部在津浦路东西地带与敌伪顽军周旋；徐海东躺在担架上指挥着保卫他的一个连队，在津浦路以西地区打游击。他们白天休息，夜黑行动，常在敌人包围圈里东跳西转，徐海东在没有医药、饮食困难、敌伪军封锁的境况下坚持斗争。

1941 年 1 月，国民党蒋介石在安徽泾县茂林地区制造了千古奇冤"皖南事变"，以上官云相为总司令的第 32 集团军 8 万多人围歼向北转移的新四军 9000 多人。新四军军长叶挺被俘，副军长项英等被杀，数千名指战员或战死疆场或被捕关入集中营。病中的徐海东得知这

开国大将 徐海东

129

一惨痛的事件，更是日夜痛苦不安，病情加重。中共中原局把徐海东的心情和病况，电告在延安的党中央和中央军委。5月，毛泽东亲自署名发电报给徐海东，"静心养病，天塌不管"。徐海东接到电报，热泪盈眶，反复念叨着，秘书又把这八个字用毛笔写在日历牌上，放在徐海东担架枕头边。

这时，日军侦悉徐海东已染重病，正在滁县西部皇甫山北麓一个山村里休养，迅即调集近千兵力前去"围剿"，要活捉徐海东。一时间，枪声大作，这时，徐海东身边只有一个警卫连，大家有些紧张，警卫连干部建议立即向东转移。"慢！"徐海东躺在担架上，听完敌情报告，瞧着地图，想了一会儿，说："枪响的方向，是虚张声势的小股敌人，大批敌人在东边。我们如果向东，是向敌人预设的口袋里钻。"他一边派人出去侦察，一边命令身边的人："稳住，不要慌，查明情况，瞧准空隙再说。"大家焦急地似信非信地等着。不一会儿，去东路侦察的人跑回来报告："东边发现大批敌人。"徐海东右手往地图上一指："向西北转移！那里两边有山，我们沿南边山梁下面走，一定能插过去。"

结果，徐海东躺在担架上，率领这支小分队，神不知，鬼不觉，从敌人合围的夹缝中走出了包围圈。敌人兴师动众折腾了一天一夜，连徐海东究竟去哪儿了也没有搞清楚。徐海东身边的人无不自豪和敬佩地说："我们的首长，躺着也比敌人站着高！"

徐海东在抗战的后五年里，可以说既是抗战，又是抗病。这只猛虎，不但对敌凶猛，对病魔也是一样的。他自1944年大病一场之后，就一直没有彻底恢复健康。三次病危，头一次准备的葬衣，一直保留着。熟悉他的人都说：老病号怕是熬不到胜利那天了，可他硬是顽强地活着。

"我是不会死的！"徐海东有一次病情恶化又活过来后，躺在床上还开玩笑地说："我是见到马克思了，那老头硬是不让我走。我说，马克思同志呀，你还是放我回去吧，我这个穷窑工，在人世间苦是受了，甜还没有尝过呢！马克思生气了，他说：'你光想回到世上去享福，就是不愿留在我身边做个伴，我硬是不放你！'我说，马克思同志，还是放我回去吧，我为人民做的事还太少，我想打仗啊！马克思居然笑着说：'那好吧，留不住你，你就回去吧！'……"

他的妻子周东屏听着，含着泪花强挂着笑说："真是个不晓得死活的人，人家眼都哭肿了，你还寻开心呢！""嗨嗨，我的同志，亏你还是一个兵呢。"徐海

开国大将 **徐海东**

131

东笑着说，"死了脸朝上，不死站起来，怕什么哟！放心，我一定活到抗战胜利，活到新中国成立，活到看见社会主义！"

徐海东果然奇迹般地一次次战胜了死神，在华中战场上，他躺在担架床上，度过了五个春夏秋冬。1945年8月15日，日本宣布无条件投降。这个振奋人心的消息传来，徐海东高兴地说："嗨嗨，难得啊，我这个老病号终于把小日本给熬垮了！"

"这下子，你的病也有治了！"周东屏接着说："我们一起到大城市里去，那里有大医院，有洋大夫，有好药，你的病肯定能从根上给治好！"1947年8月，一生驰骋沙场的徐海东被党中央送往大连养病，这令徐海东虽有些气恼却又无可奈何。

在去大连之前，徐海东的病情到底重到什么程度，大家心里并没有底，因为前方医疗条件有限，没有办法诊断清楚。在大连经一位留美肺科病专家和苏联红军的一位上校军医详细检查，断定徐海东的肺大部分组织已坏死。当医生们听说他在前线的几年只靠中草药居然维持了生命，认为这简直是个奇迹。苏联红军上校军医听说他在病中还工作读书、看文件，摇头叹息："我不能理解他的生命力怎么可以这么强！"而徐海东还乐呵呵地问:"我要养多久,才能上战场?"上校军医面对这位将军,赞叹地说:"你的精神会使你恢复的。"他盼望着养好病,重新走向战场,可是,战争在 1949 年底基本结束了。

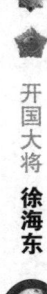

开国大将 徐海东

授予大将衔

新中国成立后，党中央特地派陈毅到大连看望他。1951 年 5 月下旬，周恩来和邓颖超到大连，一下火车，就来到徐海东的住处。

徐海东一见到周恩来，一把抓住他的手说："周副主席，我没有完成党中央交给我的任务！"周恩来说："你完成了任务不说，在病中还想着为党工作，中央的同志和毛主席都想念你呀！"徐海东激动地说："我的身体不争气，一心想打仗，可战争结束了。"周恩来说："胜利了，有条件了，你可以彻底把病治好，革命的进程长着呢！毛主席说，我们才只是万里长征走完了第一步。"毛泽东和党中央其他领导人也关怀着他，希望他能重新工作。

1955 年初，解放军实行军衔制，徐海东被授予大将。为此，他心中十分不安。正巧这时周恩来来大连看他，他见到周恩来就说："总理，我长期养病，为党工作太少了，授我大将太高，我受之有愧啊！"周恩来一向钟爱这位窑工出身的将领，爱他的军事才能，爱他坦率的性格，爱他光明磊落，赤胆忠心。周恩来握住他的手说："海东同志，授你大将军衔，不高也不低，恰当！"

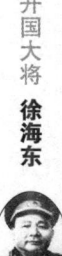

开国大将 徐海东

战友情

　　徐海东长期疗养治病，很多老战友不忘旧情，包括国家领导人经常去看望他。下面是一位记者撰写的关于他"战友情"方面的事。

　　"秀才不出门能知天下事"，徐海东整天在家中养病，他了解历史靠看书听广播，对国际国内大事的了解，一靠看文件、报纸、听广播；二靠和战友谈天。"一个人要有几个谈得来的好友"，这是徐海东的一条为人处世的哲学。他从小爱好交结，当窑工时，就有许多"把兄弟"，参加革命后，从生死的战争中，结识了许多最要好的战友。他走到哪里，那些个老战友就追到哪里。他的家中经常有客人来，来了人，就叫周东屏把最好吃的拿出来，哪个老战友爱好喝酒，哪个爱抽什么烟，周东屏几乎都记在心。

　　在大连的日子里，中央一些领导人刘少奇、周恩来、邓小平、杨尚昆以及彭德怀、陈毅、叶剑英等老战友，凡是来大连开会、休养的，都要抽空去看看徐海东。1956年一天，三位国家元帅同时聚会在徐海东家中。他们是彭德怀、陈毅、贺龙，都是来参加军事演习的，工作之后，相约到了文化街75号。

徐海东和彭德怀，是长征结束时在陕北相识，两个人好多日子在一个炕头滚过，都以"粗人"自居；徐海东和陈毅，是在新四军淮北指挥部的同事，也是生死之交的战友；至于他和贺龙，虽然不是一个"山头"的，两个人在延安时，也成了好友，常常一起下棋，拼搏起来谁都不肯退后一步。棋逢对手，往往是贺龙输给徐海东。今日大连相会，贺龙硬是要和病号徐海东大战一局，别看徐海东病了多年，棋艺更胜一筹了。彭、陈眼看着贺龙是败局，从围观助战变成参战了，这样一来，就形成了三对一：三位元帅大战一位大将，六只眼睛瞪着徐海东手上的棋子，三张嘴对付一张嘴，三个高智慧的脑袋，对抗着一个久病的脑袋，笑语和争吵的声音，打破了海滨小楼阁的宁静。这些在战场上运筹帷幄的大军事家，在整军备战中一丝不苟的将帅们，如今都收起了往日的威武，一个个变成孩子样，你争我抢，寸步不让。随从人员、家中的孩子们都围观看热闹。三位元帅

开国大将 **徐海东**

一位大将，你叫他吵：

这个说："出车！"

那个叫："跳马！"

又一个喊："炮击！"

再一个啪的一声，棋子落地，大叫："将！"

三位元帅，最活跃的算是陈毅，声音最大的算是贺龙，彭德怀话语少，却有时加一句骂娘的口头语，文化街 75 号，一时充满着前所未有的欢笑声。"老病号"下棋虽然是个高手，却难以对抗三位元帅的智慧，很快陷入被动的局面，转胜为败。徐海东在一派欢乐声中，嘿嘿大笑，叫着："来，来，再来。"彭老总随手抓起几个棋子，装进自己的衣服袋子，走到一边去了，大概是怕累着了徐海东呢。

老帅们给"老病号"带来部队现代化建设的好消息，又带来战友的情意，这次相逢，使徐海东的儿子徐文伯终生不忘。他回忆起这天的情景，爽朗地笑了好久，向笔者说："最最难忘的是彭老总，他把棋子揣在衣服袋子里，直到临走了，才把棋子掏出来……"战友们的到来，使养病中的徐海东很开心，他在孤独和病痛中得到了莫大的安慰。

大连的海滨浴场好，徐海东不能下海；大连的风光

秀丽，他也不能游览，他最大的享受，最大的快乐是会友。开始医生怕他会客多了影响健康，后来发现，他每次见到老战友，好像服了兴奋剂或什么有效力的、奇妙的药一样。他精神好、情绪好，病症减少。如果隔一段时间见老战友少了，他病情就加重，这种心情和愿望，连周恩来总理都深深理解。周总理每次到大连公务，日程表上的第一件事是："我要先去看海东同志！"

最常来的一位战友，算是郭述申了，这是生死之交的一位老友，他又是近在咫尺。

在血与火的战争年代，在巍峨的大别山区，徐海东和郭述申就相识了。一个是红军的团长，一个是共产党的县委书记；后来，一个是红军第 28 军的军长，一个是这个军的政治委员；在新四军淮北指挥部，他们又一起领导过抗日游击战争。

俗话说，两座山难相碰撞，两个人总会相逢的。战争年代，一些老战友多时不见，谁也难知谁死谁活，有时会在一个想不到的地方又突然相逢。徐海东从山东转移来到大连后，郭述申正在这里当工会主席，后来才出任市委书记。两个人第一次见面握手时，一个说："你怎么在这里？"一个问："你怎么到这里来了？"，"中国很大，中国又太小了。"许多人都想不到徐海东会活

开国大将

徐海东

到新中国诞生，郭述申也直说徐海东"命大"。

两个老战友，一个是武将，一位是"文官"。徐海东总是大嗓子，高兴起来嘿嘿发笑；郭述申谈笑中又总是带着几分文气，低沉沉的声音，不急不慢，和他那高大的身躯相反。郭述申十分珍惜和徐海东的情谊，他在《优秀的将领战斗的一生》一篇文章里，详尽记述了和徐海东相识、相处、深厚难忘的战友之情。

郭述申特别难忘的是，在长征途中他的性命差一点丢掉的经历。一次打了个败仗，领导人中有一位硬是要归咎于郭述申的失职，要抓他这个"反革命"。郭述申回忆道："……部队在独树镇宿营时，省委的一个同志对徐海东等同志说：郭述申是反革命……应该干掉他。徐海东同志一听就火了，拍着桌子同他争论说：'郭述申要是反革命，我们都是反革命，那就散伙吧！'由于海东同志的坚决反对，我的生命才得以保全。"

抗日战争初期，红军改编后，徐海东任344旅旅长。1939年徐海东调到新四军江北指挥部任副指挥兼4支队司令员，郭述申在5支队任政委。

到1949年秋，相隔9年以后，郭述申调到旅大工作时又和在大连养病的海东同志重新见面了。

生死与共的战友，总是有说不完的话。那时还不像后来人们说的老将军见了面总是"老三篇"（打仗、行军、受苦受难），他们当时面对的是一场新的战争：朝鲜战争。中国面对的是千疮百孔、战后恢复生产的新国家。郭述申知道老战友很关心国家的命运，关心大连的生产和市政建设，每次来到徐海东病榻前，问几声健康状况，接下去就是讲大连的今天和明天。徐海东对大连的市政建设，提出过不少的建议。

一天，两位老战友谈起干部中进城后发生的变化，郭述申对徐海东说："毛主席预见的完全对，在资产阶级的糖衣炮弹下，有的人垮掉了！"

"三反、五反，要年年反，三反不成，还要加一反，就是反对离婚！"徐海东说。

郭述申笑道："这怕不成，不能只允许结婚自由，不允许……"

徐海东不等他说完，接上说："我是说不准共产党员离婚，一个在抗战中结婚八九年的老共产党员，把他的老婆蹬了，另娶小的，你说对吗？这种人就是要阉了他！"

老将军深恶痛绝，又是滔滔不绝，越说火越大，周东屏只得出来劝说，这才把话题转换。说着说着，又说

到干部的多吃多占问题。徐海东又说："俗话说，吃人家的嘴软，拿人家的手短，干部一定要把住嘴关。"

郭述申连连点头，放声大笑："好，好，海东同志你讲得好啊！"

徐海东这时叹气说："我这个老病号，如今没有别的本事，只有向老战友发发议论了。"

毛主席紧急提议

1969 年 3 月 31 日。

徐海东心急如焚，忐忑不安。

第二天中共"九大"就要开幕了，可他这位"八大"的中央委员，直到现在还没接到参加会议的通知。

徐海东从早晨等到中午，又从中午等到晚上，从晚上继续等到第二天早晨，仍然没接到通知。

这天夜里，徐海东彻夜未眠，天好像真的要塌下来了，他陷入了极度的痛苦之中。

自从党的第八次全国代表大会上徐海东当选为中央委员后，中央每次开会，毛泽东问到出席会议的同志时，总要问一声："海东同志来了吗？"就这么简单的一句话，便使这位老将军感到深深的慰藉，似乎久缠于身的病痛也好了许多。

多少年的革命情谊，多少次难忘的战斗，难道说由

开国大将 **徐海东**

于一场"文化大革命"，就统统被毁掉了？徐海东不敢相信这是真的。

一桩桩往事，历历在目：

1960年春节，徐海东在广州疗养，当时，正好和毛泽东住隔壁，相距只有几十米。毛泽东夜晚有工作，乘车外出，每次都要司机把汽车从上坡滑到下坡，然后再发动。毛泽东嘱咐司机说："海东同志住在隔壁，他是个病人，要让他休息好！"周恩来对徐海东的关怀和体谅，更是难忘。有一回，在北戴河，徐海东去看望总理时，总理正在理发，见徐海东来了，头发理了一半，便叫停下来，陪着徐海东谈话40多分钟，送他走后，才又坐下来继续理发。

漫长的黑夜，徐海东的心里也一片茫然。

与此同时，人民大会堂北侧小会议室内，灯火通明。

周恩来正主持一个紧急会议。他用郑重的语气宣布："毛泽东同志紧急提议，徐海东同志应出席党的第九次代表大会，并建议他参加大会主席团。"

周恩来讲完，大多数人同意，也有人提出疑问。周恩来解释说："毛主席早就说过，徐海东是对中国革命有大功的人，我认为不让徐海东同志参加'九大'是不

红色将帅
十
大
大
将
★

合适的。至于他有没有问题，以后会搞清楚的！"

会场沉静了片刻，发出一阵阵回声：

"同意！同意！"

虽然仍有少数人抱着敌意和怀疑，但是他们无法阻挠党中央、毛主席的提议和多数人的意愿。

4月1日中午。中央办公厅的一位副主任和军委"办事组"的一名负责人来到了徐海东病床前，向他传达了紧急会议的决定，并问道："你能出席今天的开幕式吗？如果不能去，可向中央请假！"

绝望中的徐海东听到这个消息，喜出望外。他流着泪，激动地说："主席提我的名，身体再不行，就是爬，我也要爬去！"

4月1日下午，人民大会堂内庄严肃穆。

周恩来见徐海东来到主席台，紧走几步迎上前去，与徐海东握手问候，并亲自扶起徐海东，将他安排在座位上，然后，又转身对大会一位服务人员说了一句："小推车一定要放到海东同志身边！"

党的这次代表大会，是在极其异常的情况下召开的。徐海东对大多数代表和主席团成员很陌生。一批代表是由革命委员会同各造反派组织的头头协商决定或上级指定的。一些品质恶劣的帮派骨干，林彪、江青一伙

开国大将 徐海东

145

▲ 1960 年，徐海东同夫人周东屏及子女们在北京

的爪牙，也成了"九大"代表。有的人是先确定"九大"代表身份之后，才赶办入党手续，或是在火车上突击入党的。而大批优秀的共产党员和党的老一辈无产阶级革命家，却被排挤在"九大"之外，被剥夺了参加"九大"的权利。

许多应该出席大会的同志，没有参加；有的同志是刚刚从"牛棚"出来，像徐海东一样，匆匆赶到会场的。这些代表们心中都有说不出的滋味。许多老同志听说"老病号"也受了折磨，对他格外关注，向他投来亲切问候的目光，用手势跟他打招呼……

这时，在雄壮的《东方红》乐曲声中，毛泽东款步走上主席台。会场立即掌声雷动，经久不息。站在毛泽东座位旁边的林彪，拿着"小红书"，领着全体代表，长时期高呼："毛主席万岁！万岁！万万岁！""敬祝毛主席万寿无疆！"

毛泽东就座后，习惯地环视了一下会场，然后侧身问道："海东同志来了吗？"

"到了，到了！"徐海东又一次听到这熟悉的声音，忙答了一句，不知是什么力量驱动，他竟然站了起来。毛泽东向他招手致意！徐海东久久望着毛泽东和他身边的林彪。林彪也回头看了一眼徐海东，四目相对，一束莫名其妙的火花碰撞出来！

大会选举那天，徐海东那双微微颤抖的手，提着铅笔，在一个个名字下点着、数着。坐在他身边的一位，看到他在朱德、陈毅、徐向前等人的名字下面画了圈，急忙向他耳边低语："这些都是'老机'！"

徐海东明白"老机"的意思，是指"机会主义者"、"修正主义者"。在这种场合，他不便和那人辩论，只回答了一声："他们是毛主席提的名，难道你不相信毛主

开国大将
徐海东

席？"说得那人哑口无言。

投票时，徐海东向附近的王震招招手。王震走了过来，徐海东郑重其事地行了一个军礼说："王老弟，我非常信任您，因我病重不能走动，请您代我投票！"

王震深情地向徐海东鞠了一躬说："徐大哥，我一定照办！"

周总理看到这一情景，向徐海东和王震点头，三个人的脸上都露出了会意的微笑。

尖下颏、短眉毛，有些三角眼的林彪，也看到了这一情景，他却狠狠地瞪了王震一眼。王震也没示弱，狠狠地回敬了林彪一个"白眼"！

徐海东在"九大"上，再次当选为中央委员。

然而，对徐海东的迫害，依然没有放松。

生命的最后时刻

1969 年 10 月 20 日深夜，北风飕飕，黑夜沉沉。

军委"办事组"的两名成员来到徐海东床前，严肃地向他宣读了由林彪签发的中央军委"一号命令"：要准备打仗，要"疏散"。最后，他们下驱逐令似的说："两天之内必须离开北京！"

战争会不会马上爆发，徐海东确实说不好。但"战争"一词，对在战争中成长起来的徐海东来说，没什么可怕的，就像家常便饭。徐海东面对没有好脸色的两个办事员说："我身体虽不好，不过，打起仗来，也不用你们保护！"

"不行！必须走，这是毛主席的命令！"

徐海东一向崇敬毛主席，相信毛主席，不管是战争年代，还是和平时期，只要是毛主席的指示或命令，他从不怀疑，坚决照办执行。这位年近 70 的老战士、老

开国大将 **徐海东**

149

共产党员沉思片刻，说："毛主席的命令，我执行！"

这一夜，徐海东没有睡觉，一个人躺在床上，一声不吭。周东屏几次走近他，劝他不要多想，他也没有言声。直到妻子再三劝慰，他才说："我不是怕离开北京，我更不怕死，我在想会不会发生战争？"

第二天上午，徐海东换上新衣服，刮了刮脸，准备和几位老同志告个别。门外传来一阵争吵声——是王震在吵骂不让他进门的卫兵。

两位年逾花甲的老人，一见面什么也没说，抱在一起哭了起来。原来，王震也接到了所谓的"一号命令"，是来向徐海东告别的。

"徐大哥！"王震说，"我们俩都是工人阶级出身，我们是不会反党的，是拥护毛主席的！"

徐海东含泪点点头，他从老战友的话语中听出了他有满腹的冤屈。徐海东说："兄弟，你说得对，不做亏心事，不怕鬼叫门！"这话既是安慰王老弟，也是在安慰自己。

"我们什么都不要，只要'同志'两字！"王震悲伤地说："这次分手，恐怕再难见面了，徐大哥，我是不会忘记你的！请你多保重……"王震泣不成声。

两位老将军，紧紧握着手，都不言声了，这无声的

场面，比千言万语更让人动心。周东屏，这位红军老战士，从不当着徐海东和老战友的面落泪，此时，也忍不住不停地擦着眼泪。

1969年10月21日晚，徐海东被送上一列南下的普通客车。躺在车上的徐海东困难地偏过头来，最后望了一眼被沉重的夜色笼罩着的首都北京。

徐海东被"疏散"到河南郑州郊区的一个干休所里。临时为徐海东腾出的房子，阴暗潮湿、暖气已坏、水流满地。时值10月，天气乍寒，徐海东得了感冒，病情加重。他的医药无保障，连每顿饭后必须服的酵母片都不能保证。住在干休所的老同志看不过去，有人送药，有人送菜，他们都被指控为"划不清界线"。

周东屏向党中央求援、向北京求援，可是，电话打不通，信交不到毛主席和周总理的手里。真是叫天天不应，叫地地不灵。

剩下的唯一依靠，便是徐海东对待人生的超然精神。他对妻子和儿子说："毛主席是保护我们的，总理是保护我们的。你们也不要怨下边的人，是'他'！"他说着，伸出两个指头，又指指自己的光头。周东屏和孩子们都明白他的手势，指的是"二号人物"——林彪。

1970 年 3 月 25 日，徐海东将军含恨逝世于河南郑州。他在生命的最后时刻，昏迷中还重复说："我想见毛主席！我是林彪害……害死的……"

林彪控制的军委"办事组"，发出五条禁令：《人民日报》不登消息；《解放军报》登消息，不登照片；不写评语；骨灰盒上不覆盖党旗；不送花圈。

林彪反革命集团可以下发各种禁令，但有一条禁令他们无法下发，那就是，他们怎么也不能抹去徐海东大将在中国人民心中留下的丰碑。

1979 年 1 月 25 日，全国政协礼堂。

春天，又重回中国大地。明媚的阳光，照在金碧辉煌的政协礼堂上，放出夺目的光彩！

党中央副主席邓小平，为徐海东等八位被迫害致死的老一辈革命家主持了庄严隆重的平反昭雪大会。悼词中写道：

"徐海东同志在中国革命战争中屡建战功，深得党的信任、人民群众和广大指战员的爱戴。伟大领袖毛主席曾高度赞扬徐海东同志是'对中国革命有大功的人'、'工人阶级的一面旗帜'。

"我们要学习他大公无私、襟怀坦白、爱憎分明的工人阶级高尚品质；学习他不怕困难、不畏艰险，敢于斗争、善于斗争的无产阶级革命家风格……"

　　徐海东，一代名将！他是永垂中国革命史册的杰出的军事家，中国人民的优秀儿子！

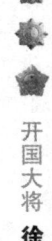

开国大将

徐海东